러시아 개혁의 자존심
예카테리나 2세

러시아 개혁의 자존심 예카테리나 2세

2010년 10월 20일 초판 1쇄 발행
2017년 6월 12일 초판 3쇄 발행

글 김은희 / 그림 고은정 · Top space
펴낸이 이철규 / 펴낸곳 북스
편집 김세영 / 편집디자인 박근영 / 마케팅 이종한

편집부 02-336-7634 / 영업부 02-336-7613 / FAX 02-336-7614
홈페이지 http://www.vooxs.kr / 등록번호 제 313-2004-00245호 / 등록일자 2004년 10월 18일

주소 서울특별시 광진구 동일로 4길 32 2층
값 9,800원
ISBN 978-89-6519-008-0 74800
　　　978-89-91433-70-0 (세트)

잘못된 서적은 구입하신 서점에서 교환하여 드립니다.
이 책은 저작권법에 의해 보호를 받는 저작물이므로 불법 복제와
스캔 등 무단 전재 및 유포 · 공유를 금합니다.

러시아 개혁의 자존심
예카테리나 2세

글 김은희 그림 고은정 · Top space

머리말

**러시아를 사랑한 프로이센 소녀,
여왕 예카테리나 2세가 되다**

지아와 한별이 세 번째로 여행할 나라는 눈과 얼음으로 뒤덮인 황량한 땅, 러시아입니다. 그곳에서 두 사람은 뜨거운 가슴과 열정을 품은 친구를 만납니다. 바로 러시아의 여왕 예카테리나 2세이지요.

낯선 나라 러시아, 그보다 더 낯선 이름 예카테리나. 그녀는 길고 장대한 러시아 역사에서 표트르 대제 다음으로 훌륭한 여왕으로서 지금도 러시아 사람들에게 가장 사랑받고 기억되는 여왕입니다.

하지만 처음부터 그녀가 그토록 사랑받은 것은 아니었습니다. 이방인의 이름으로 찾아온 그녀의 부단한 노력과 사랑까지도 내놓을 수 있는 결단력이 아니었다면 러시아 백성들은 결코 그

녀를 자신들의 여왕으로 선택하지 않았을 테지요.

　이번 여행을 통해 지아는 아름다운 동급생들과 멋진 선배 등 그 어느 때보다 많은 사람들을 만나게 됩니다. 하지만 그들 중 과연 진짜 친구는 몇 명이나 될까요? 지아는 조금 더 마음을 열어 한별의 진심을 알아줄까요?

　이 글을 쓰는 동안 저의 상상력은 끝없이 펼쳐진 시베리아의 설원과 동화 같은 크렘린 궁전의 둥근 지붕과 첨탑 사이를 부지런히 날아 다녔습니다. 그리고 한 번도 가보지 못한 러시아에 대한 호기심과 동경이 생기고 말았답니다.

　여러분도 책장을 넘겨 보세요. 비밀을 간직한 매력적인 나라 러시아가 여러분들을 기다리고 있답니다.

행복을 꿈꾸는 동화작가 김은희

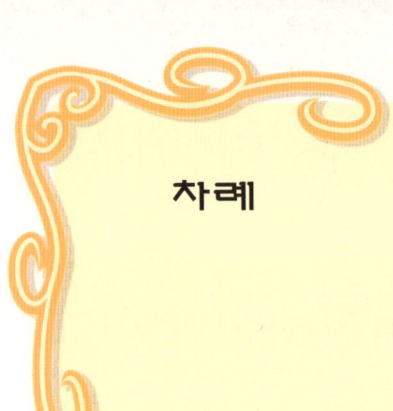

차례

머리말_ 러시아를 사랑한 프로이센 소녀, 여왕 예카테리나 2세가 되다 …6

비밀의 지하 석실로 …10

꿈의 공간 베를린 아카데미 …27

미운 오리 새끼 소피아 …57

사랑의 시작 …87

비밀의 지하 석실로 ···10

꿈의 공간 베를린 아카데미 ···27

미운 오리 새끼 소피아 ···57

사랑의 시작 ···87

부록_ 러시아가 사랑한 여제(女帝), 예카테리나 2세 ···216

비밀의 지하 석실로

"사정이 있어서 잠시 학교를 쉬었던 친구란다."

학생들에게 지아를 소개시킨 선생님은 환하게 웃으며 지아를 돌아보았다. 인사말을 하라는 뜻이었다. 지아는 일제히 자신에게 쏠린 시선을 온몸으로 느끼며 짧게 말했다.

"한지아라고 해."

그리고 이어진 침묵. 선생님은 약간 당황했는지 헛기침을 했다.

"흠흠, 저기 창가 자리가 비었구나. 이번 주는 저기에 앉고 자리 배정은 다음 주에 다시 하자."

지아는 대꾸도 없이 선생님이 가리킨 자리로 성큼성큼 걸어가 앉았다. 그리고는 창밖 운동장으로 시선을 던졌다. 그런 지아의 귓가에 낮은 속삭임이 들려왔다.

"쟤야, 쟤. 우리나라 최고 재벌가문의 상속자래."

"부티가 좔좔 흐르네."

"부티만 나면 뭐하냐? 저 건방진 태도하며, 딱 재수 없어."

속삭임은 비난 일색이었다. 다른 사람이었다면 얼굴이 화끈거렸을 것이다. 실제로 지아의 뒷자리에 앉아 있던 한별의 두 뺨이 새빨갛게 변했다.

보다 못한 한별이 한마디를 내뱉었다.

"야, 무슨 말이 그래?"

하지만 정작 당사자인 지아는 아무 것도 듣지 못한 것처럼 무심히 창밖만 바라볼 뿐이었다.

지아는 하루 종일 가시방석을 깔고 앉은 기분이었다. 수업시간 내내 힐끔힐끔 쳐다보며 수군거리는 아이들 때문에 입 안은 모래를 한 움큼 씹은 듯 텁텁했고 나중에는 머리까지 지끈거렸다.

"쟤가 그 유명한 한지아? 근데 왜 한마디도 안 해?"

"우리 같은 애들하고 말하기 싫다 이거지."

아이들은 지아가 입을 다물고 있으면 있는 대로, 말을 하면 또 그 나름대로 꼬투리를 잡았다.

그렇게 오전이 지나고 점심시간이 되자 지아는 한별과 함께 식당으로 향했다. 내키지는 않았지만 기왕 학교에 왔으니 다른 아이들과 같이 밥을 먹고, 새로운 친구도 사귀고 싶었기 때문이었다.

'밥 먹으면서 얘기도 나누다 보면 날 보는 시선도 달라질 거야.'

하지만 식당에 들어선 뒤 지아는 자신의 생각이 완전히 잘못되었다는 것을 알았다. 급식이 처음인 지아를 위해 한별이 지아 몫까지 식판 두 개를 집어 드는 순간 등 뒤에서 온갖 비난이 쏟아져 나왔던 것이다.

"어머! 웬일이니? 자기가 진짜 공주인 줄 아나 봐."

"도저히 못 봐주겠다."

"숨 쉬는 공기부터가 다르다 이거겠지."

"야, 강한별. 그만 좀 해라. 네가 걔 머슴이냐?"

고개를 돌려 보니 뒤에 줄을 서 있던 학생들이 야유를 퍼부으며 비웃음을 짓고 있었다.

지아는 이번에도 입술을 꾹 깨물고 참아 보려 했다. 하지만 커다란 식당 안에 모여 있던 전교생과 선생님들의 이목까지 집중되자 창피함과 수치심으로 자신도 모르게 얼굴이 붉어지고 말았다.

붉어진 얼굴을 들키지 않으려고 지아는 황급히 뒤돌아섰다. 그리고는 빠른 걸음으로 뛰듯이 식당을 빠져 나갔다.

"너희들 진짜! 지아가 잘 몰라서 도와주려는 거잖아. 친구끼리 너무하는 거 아니야?"

지아가 도망치듯이 나가자 한별은 양손에 들고 있던 식판들을 바닥에 내던지며 버럭 소리쳤다. 그리고 황급히 지아의 뒤를 따라 달려갔다.

"우리가 너무 심했나?"

그제야 아이들은 당황한 듯 서로의 눈치를 살폈다.

아이들보다 더 당황한 사람이 있었다. 바로 이사장과 교장선생님이었다. 놀란 듯 입을 쩍 벌린 두 사람의 목소리는 심하게 떨렸다.

"교장선생님, 지금 나간 사람이 설마 우리 재단의 설립자이자 최대 기부자인 한 회장님의 손녀 한지아 양은 아니겠지요?"

"그게 맞는 것 같습니다, 이사장님."

다음 순간 두 사람은 약속이라도 한 듯 비명을 질렀다.

"안 돼! 어떻게든 당장 지아 양을 다시 학교로 데려와, 아니 모셔 와야 해!"

"선생님들, 뭐하는 거예요! 학교 문을 닫게 생겼는데 지금 밥이 넘어가요?"

"지아야, 내 말 좀 들어 봐."

고함이 들리자 운전석에 앉은 경호원은 힐끔 거울을 통해 뒤를 돌아보았다. 거울 속으로 숨을 헉헉 몰아쉬며 주차장으로 들어서는 한별이 보였다.

"어떻게 할까요?"

"집으로 가요."

경호원의 물음에 뒷좌석에 몸을 묻은 지아는 눈도 뜨지 않은 채 말했다. 그 고집스러운 목소리에 경호원은 작게 한숨을 내쉬며 시동을 걸었다.

자동차는 미끄러지듯 주차장을 빠져나갔다. 가까스로 자동차를 놓친 한별은 털레털레 멈춰 서며 아쉬운 숨을 몰아쉬었다.

"으으······. 학교에 데려오기 정말 힘들었는데."

그런 한별의 뒤로 한 무리의 선생님들이 몰려왔다.

"지아 양은 어디 있니?"

"설마 벌써 돌아간 건 아니겠지?"

"벌써 갔는데요?"

"으윽! 안 돼. 기부금이……, 학교가…….."

선생님들은 멀어지는 자동차의 뒷모습을 보며 절망적인 목소리로 외쳤다. 그 중에는 담임선생님도 포함되어 있었다.

이때, 한별의 머릿속에서 한 가지 꾀가 떠올랐다.

한별은 문득 어지러운 척 이마를 짚었다.

"저, 선생님. 저 조퇴 좀 할게요. 밥을 못 먹고 뛰었더니 갑자기 머리가 아프고 어지러워요."

의심스러운 표정을 짓는 담임선생님으로부터 끝내 조퇴증을 받아낸 한별은 집에 도착하자마자 가방을 내려놓을 새도 없이 부리나케 지아의 방으로 달려갔다. 역시 예상대로 지아는 자신의 방에 틀어박혀 있었다.

 한별은 지아가 미처 챙기지 못했던 가방을 책상 위에 내려놓으며 말했다.

 "친구들이 미안했다고 전해 달래. 선생님도 내일은 꼭 나오라고 하셨고."

 지아가 코웃음을 쳤다.

"친구? 아아, 내가 잘 몰랐는데 친구라는 게 뒤에서 욕을 하고 망신을 주는 사람이라는 뜻이구나."

"그, 그건 내가 대신 사과할게. 걔들이 심하긴 했어. 하지만 아이들도 네가 낯설어서 그랬을 거야. 조금만 더 시간을 두고 기다리면 틀림없이 그 애들도 마음을 열 거야."

"내가 왜 내 자존심 다 버려 가면서 걔네들이 마음을 열 때까지 기다려 줘야 하는데?"

"친구를 사귀고 싶다며? 그러려면 서로 노력을 해야 해."

"난 친구를 원한 거지, 우정을 구걸하려는 게 아니야."

한별의 차근한 설명에 지아가 신경질적으로 소리치며 책상 위에 놓인 가방을 집어 들었다. 그리고는 책상 아래 놓인 쓰레기통에 던지려는 듯 높이 쳐들었다.

한별은 가방의 다른 쪽을 다급히 움켜잡으며 소리쳤다.

"야! 무슨 짓이야?"

"보면 몰라? 버리려는 거잖아."

"가방을 왜 버려?"

"더 이상 학교 같은 데 안 갈 거니까."

"학교를 왜 안 가? 난 널 억지로 끌고라도 갈 거야."

"흥! 누구 맘대로!"

지아와 한별은 가방의 양쪽을 움켜쥐고 한창 실랑이를 벌였다.

투닥투닥 말다툼을 하던 바로 그때였다. 어디선가 귀신의 흐느낌 같은 소리가 들려왔다.

깜짝 놀란 둘이 동시에 입을 다물었다. 그러자 방 안에 적막이 감돌았다.

"끄으으……."

적막을 타고 또다시 이상한 소리가 들렸다. 방 안은 햇살 덕분에 따뜻했지만 둘은 오싹한 한기로 꼼짝할 수도 없을 만큼 얼어붙었다.

지아는 뻣뻣해진 고개를 슬쩍 돌려 방 안을 천천히 둘러보았다. 방 안을 때 아닌 냉동실로 만들어 버린 그 소리는 거울에서 흘러오고 있었다.

지아는 한별에게 눈치를 주며 말했다.

"빨리 살펴 봐."

"지, 지아야, 나 지금 무서워 죽을 것 같거든? 네가 가면 안 될까?"

"시끄러워. 남자애가 무슨 겁이 그렇게 많아?"

지아는 버둥거리는 한별을 거울 쪽으로 떠밀었다.

'으으…… 나 진짜 귀신이니 유령이니 하는 건 질색이란 말이야.'

잔뜩 겁먹은 얼굴로 거울 앞에 도착한 한별은 막상 거울 위에 손을 가져다 대본 뒤 의외라는 듯 눈을 빛냈다. 얕고 투명한 개울물에 손을 집어넣은 것처럼 손등 위로 따뜻하고 영롱한 빛이 일렁였다. 방 안이 햇살로 가득해서 미처 알아채지 못했을 뿐, 거울은 아까부터 빛나고 있었던 모양이었다.

"이거 빛나고 있는데?"

"내 눈에도 그래 보여. 그런데 조금 전의 그 귀곡성은 대체 뭐야?"

지아도 고개를 끄덕이며 눈에 힘을 주고 거울을 살펴보았다. 빛의 건너편으로는 음산한 석실이 뿌옇게 들여다보였다. 지아는 보일 듯 희뿌연 석실 안을 조금이라도 자세히 살펴보기 위해 거울 쪽으로 바싹 얼굴을 디밀었다.

검은 머리를 치렁치렁 늘어뜨린 창백한 소녀가 불쑥 나타난 것은 바로 그 순간이었다. 옷과 얼굴에 온통 시커먼 얼룩을 묻힌 소녀의 모습은 옛날 흑백영화에서나 나올 법한 유령, 딱 그것이었다.

"으헉!"

"꺄악!"

"꺄아악!"

한별과 지아는 숨넘어갈 듯한 비명을 질렀고, 거울 안쪽의 소녀도 이에 질세라 비명을 질렀다.

"으으! 귀신이면 물러가고, 유령이면 덤벼!"

지아는 그대로 바닥에 주저앉아 버렸고, 한별은 눈을 질끈 감은 채 팔을 붕붕 휘둘렀다. 용감해서가 아니라 겁에 질려 뭘 하는지도 모르는 상태였다.

"더, 덤벼! 나도 하나도 안 무서워! 난 천하무적 소피아 님이시란 말이야!"

거울 저편, 유령소녀의 반응도 한별과 비슷했다. 둘 모두 딱히 뭘 하겠다는 것이 아니라 단순히 무서움을 쫓으려는 듯 뻣뻣하게 굳은 몸으로 팔을 죽어라 휘두르고 있었다. 이들의 모습이 겉보기에는 참 우스꽝스러웠지만 당사자들에게는 심각한 상황이었다.

그렇게 휘두르던 두 사람의 팔이 한순간 거울을 사이에 두고 서로 맞닿았다. 동시에 거울로부터 눈이 멀 것 같은 엄청난 빛이 뿜어져 나왔다.

여기까지는 벌써 두 번이나 경험한 것이었기에 지아와 한별은 별로 당황하지 않았다.

 하지만 그 다음 과정은 앞선 두 번의 경우와 조금 달랐다. 빛은 이내 사그라졌지만 그 대신 강력한 바람이 방 안에 휘몰아친 것이다. 책상 위에 있던 책과 꽃병, 작은 가구들이 강한 바람에 휩쓸리는가 싶더니 그대로 거울 속으로 빨려 들어갔다.

 "으악! 이거 뭐가 어떻게 된 거야?"

 "나도 몰라! 너 도대체 뭘 한 거야?"

 거울 앞에 서 있던 한별과 지아는 서로의 손을 꽉 잡은 채 필사적으로 버티며 외쳤다. 하지만 버티면 버틸수록 바람은 그 힘이 배가 되어 더욱 집요하고 강력하게 둘을 끌어당겼.

 결국 바람을 이기지 못한 두 사람은 서로에게 몸을 의지한 채, 허공으로 높이 떠올랐고, 강력한 물살에 휩쓸린 나뭇잎처럼 거울 속으로 속절없이 빠져들고 말았다.

 "꺄아아아악!"

 "으아아아악!"

 긴 비명과 함께 지아와 한별이 완전히 거울 속으로 모습을 감추자 태풍처럼 방 안을 휩쓸던 바람은 순식간에 힘을 잃고 산들바람으로 변했다. 그리고는 폭격이라도 맞은 것처럼 엉망이 되어 버린 방 안을 잠시 떠돌다가 햇살이 들이치는 창문 사이로 스르르 빠져나갔다.

 쿵!

 콰당!

 지아와 한별은 한 덩어리로 뒤엉켜 차가운 돌바닥 위로 떨어졌다. 둘은 끙, 소리를 내며 간신히 일어나 주변을 살펴보았다.

 교실 두어 개를 합친 것만큼이나 넓은 어두침침한 공간은 사방이 돌이었다. 정방형의 대리석이 깔린 바닥도, 커다란 돌을 엇물려 쌓아 올린 벽도, 까마득히 높은 천정도 온통 돌뿐이었다.

 심지어 좌우의 벽을 따라 양쪽으로 길게 늘어선, 커다란 화강암을 통째로 깎아 만든 독수리와 사자 등의 조각상들과 그 아래 놓인 석관들까지 모두 돌이 아닌 것이 없었다. 유일하게 청동으로 장식된 거울만이 그 방의 한쪽 벽을 가득 메운 채 놓여 있었다.

 석실 안은 완전히 엉망이 되었다. 바람을 타고 지아의 방에서부터 날아온 것들이 온통 깨지고 부서져 여기저기에 널려 있었기 때문이었다. 어떤 조각상은 묵직한 회전의자에 정통으로 맞아 두 조각으로 깨져 있었고, 깨진 꽃병이며 조각조각 찢어진 책이 사방에 흩어져 있었다.

 그렇게 엉망인 석실의 석관들 사이에 그것이 숨어 있었다. 유령이라고 생각했던, 그리고 한별과 한바탕 싸움을 벌였던 그것의 정체는 유령이나 귀신이 아니라 지아 또래의 소녀였다. 검고 긴 머리를 치렁치렁 내려뜨린 소녀는 커다란 석관 뒤에 숨어 호기심과 두려움이 뒤섞인 눈으로 지아와 한별을 훔쳐보고 있었다.

 "야, 나와."

 한별이 소녀를 향해 까딱까딱 손짓을 했다. 그러자 소녀가 잔뜩 겁먹은 얼굴로 대꾸했다.

 "너희들, 유령이야?"

 "절대 아니거든!"

"그럼 악령? 아니면 악마? 마녀?"

"저게 누가 할 소리를! 너야말로 귀신인 척 비명을 질렀었잖아?"

"내가 언제? 그리고 나처럼 어여쁜 소녀에게 귀신이라니?"

한별이 화를 버럭 내자 소녀도 덩달아 화를 내며 석관 뒤에서 한 발짝 앞으로 나왔다.

한별은 때가 꼬질꼬질 묻은 드레스와 오물로 뒤덮인 낡은 가죽 구두를 신은 소녀의 형편없는 몰골을 머리에서 발끝까지 잠깐 째려보며 말했다.

"넌 거울도 안 보냐? 네가 어딜 봐서 어여쁜 소녀야?"

소녀는 얼굴을 붉혔다.

"그, 그거야 사정이 좀 있는 거야. 그리고 거울에서 튀어나온 건 내가 아니라 너희라고. 누가 보더라도 이상한 건 너희 쪽이네."

"으으…… 둘 다 시끄러! 그리고 너, 당장 이리 못 와?"

그때 지아가 빽, 소리쳤다. 그제야 소녀는 입을 꾹 다물고 지아와 한별의 곁으로 주춤주춤 다가왔다.

소녀가 가까이 오자 지아와 한별은 반사적으로 코를 감싸 쥐었다. 소녀의 몸에서 지독한 악취가 풍겨 나왔기 때문이었다.

"큭! 이게 무슨 냄새야? 너, 혹시 방귀 꼈어?"

"바, 방귀라니? 숙녀에게 그 무슨 실례의 말을……. 이건 하수구 냄새라구."

"하수구?"

한별과 지아의 의아한 듯 고개가 동시에 기울어지자 소녀는 머리를 긁적이며 이야기를 시작했다.

"내 이름은 소피아야. 여기는 베를린, 그 중에서도 베를린 아카데미라는 곳이지."

소피아라고 자신을 소개한 소녀의 말에 따르면 프로이센의 수도 베를린에는 유명한 건물이 두 개 있었다. 하나는 프로이센의 왕 프리드리히가 머무는 샤를로텐부르크 궁전, 또 다른 하나는 궁전과 정원을 사이에 두고 나란히 서 있는 베를린 아카데미였다.

베를린 아카데미는 프리드리히 국왕이 심혈을 기울여 만든 유럽 최고의 사립학교로, 유럽의 여러 왕실과 귀족 자녀들만이 다니고 있었다. 전쟁이 아무리 치열해져도 이곳만큼은 절대 안전하다고 감히 단언할 수 있는 곳이기도 했다. 이런 이유로 전쟁지역에 사는 수많은 귀족들이 베를린 아카데미에 자녀들을 입학시키기 위해 모여들었다.

"우리 부모님이 날 베를린으로 데려온 것도 같은 이유야."

소피아는 주머니에서 꼬깃꼬깃해진 종이 한 장을 꺼냈다.

"이건 올해 초에 받은 입학지원서야. 귀족 집안의 자녀들은 누구나 입학자격이 있어."

"그럼 그냥 학교로 바로 가면 되지 왜 이런 냄새나는 하수구를 기어들어 와?"

한별이 코를 막으면서 물었다. 이에 소피아는 한숨을 푹 내쉬며 대답했다.

"나도 그러고 싶어. 하지만 정작 문제는 돈이야. 입학금이 엄청 비싸거든."

그녀의 집은 프로이센과 오스트리아의 국경지대인 슈체친으로,

아버지는 그곳의 영주였다. 하지만 두 나라의 국경전쟁으로 하루도 거르지 않고 전투가 이어지는 바람에 영지는 파괴되었고, 주민들은 모두 죽거나 떠나 영지는 폐허로 변한 지 오래였다. 그 과정에서 소피아는 두 명의 오빠를 잃었다. 입학지원서가 날아든 것은 바로 두 오빠의 장례식 직후였다.

두 아들을 잃은 그녀의 부모는 하나밖에 남지 않은 딸을 조금이라도 안전한 곳에 두고 싶다는 일념 하나로 모든 재산을 팔아 무작정 베를린으로 올라왔다.

하지만 베를린에 도착하는 순간, 그들의 희망은 산산이 부서졌다. 이유는 너무 비싼 입학금 때문이었다. 얼마 되지 않는 재산마저 슈체친에 버려두고 온 그들로서는 도저히 마련할 방법이 없는 큰돈이었다.

"하지만 그대로 돌아갈 수는 없었어. 돌아갈 곳도 없거니와 설사 돌아간다 하더라도 기다리고 있는 건 죽음뿐이거든."

"그래서 저 더러운 하수도로 기어들어 왔다고?"

지아가 시커먼 하수구를 가리키며 물었다.

"응."

소피아가 고개를 끄덕였다.

"하지만 그런다고 학교에 다닐 수 있을까? 엄연히 출석부니 뭐니 그런 게 있잖아. 틀림없이 걸려서 쫓겨날 게 뻔한데?"

한별의 말에 소피아는 어깨를 으쓱했다.

"에이, 설마. 여기 학생이 수백 명은 될 거니까 얌전히 지내면 티도 안 날거야. 난 그렇게 눈에 띄는 스타일은 아니거든."

'무지 눈에 띄거든?'

지아는 오물이 묻어 더러워진 소피아의 싸구려 드레스를 보며 한숨을 내쉰 뒤 석실을 돌아보았다.

"그런데 여기 학교 맞아?"

"그건 나도 잘 모르겠어. 하수도에서 기어나와 보니 여기더라고. 그리고 그 다음에는 너희들이 거울에서 튀어나왔고."

"그런데 여기 아무리 봐도 학교가 아니라 무슨 무덤 같은데?"

"무덤…… 시체…… 좀비……."

공포영화라면 질색을 하는 한별은 기절 직전의 얼굴이었다. 말을 꺼낸 지아도 팔에 소름이 돋았고, 소피아도 새삼 으스스한지 어깨를 부르르 떨었다.

"우리 빨리 나가자."

공포에 사로잡힌 셋은 동시에 석실의 문 앞으로 달려갔다. 하지만 문은 바깥에서부터 굳게 잠겨 있었다. 아무리 밀고 당겨 보아도 꼼짝도 하지 않았다.

"어떻게 하지? 다시 하수구로 기어 나가야 하나?"

소피아가 절망적으로 한숨을 내쉴 때였다. 끼이익, 하며 석실 문이 천천히 열리기 시작했다. 놀란 세 사람은 자신들도 모르게 뒤로 주춤 물러섰다.

석실 문이 열리고 들어선 것은 훈장이 잔뜩 달린 군복을 입은 중년 남자였다. 날카로운 눈매와 차가운 인상의 그는 엉망이 되어 버린 석실 안을 발견하고는 분노한 듯 외쳤다.

"감히 신성한 이곳을 엉망으로 만들다니!"

하지만 그의 정체를 알 리 없는 한별과 지아는 그저 멀뚱히 눈을 깜빡거렸다.

반면 소피아는 그를 보자마자 무너지듯 바닥에 털썩 주저앉았다.

"국왕폐하……."

그는 바로 프로이센의 철혈군주 프리드리히였다. 그리고 이곳은 그의 선조들의 유해가 모셔진 왕가의 무덤이었다.

뒤늦게 상황을 알아챈 지아와 한별의 얼굴색이 조금 전과는 비교할 수조차 없을 정도로 파리하게 질려갔다.

꿈의 공간 베를린 아카데미

　소피아, 지아, 한별은 프리드리히의 뒤를 따라온 병사들에 의해 꽁꽁 묶인 채 서재로 끌려갔다. 철혈군주라는 별명답게 그의 서재에는 책이 가득한 책장과 딱딱한 책상을 제외하고는 그 흔한 카펫 하나 깔려 있지 않았다.
　셋이 딱딱한 바닥에 꿇어 앉자 프리드리히가 싸늘히 물었다.
　"너희들은 나의 허락이 없으면 누구도 출입할 수 없는 신성한 왕가의 무덤에 몰래 숨어들었고, 심지어 더럽히기까지 했다. 그 죗값은 오직 죽음뿐이다."
　그의 말이 끝남과 동시에 한별과 지아의 얼굴이 창백하게 질렸다.
　"잠깐만요! 우리 말도 들어주세요. 그럴만한 사정이 있었단 말이에요."
　그때 소피아가 벌떡 일어나며 외쳤다. 겁에 질리기는 했지만 제법 힘 있는 목소리였다. 그 당당함이 마음에 든 듯 프리드리히는 짧게 고개를 끄덕였다.

그의 허락이 떨어지자 소피아는 마른침을 꿀꺽 삼키며 말했다.

"제 이름은 소피아 프리데리케 아우구스테입니다. 베를린 아카데미의 신입생이죠."

"신입생? 그런데 너희들은 왜 학교가 아니라 궁전의 묘지에 숨어든 거지?"

소피아는 약간 창피한 듯 얼굴을 붉히며 고향을 떠난 이야기부터 시작해서 비싼 입학금 때문에 좌절한 부모님 등 자신의 처지를 다시 설명했다.

하지만 그 설명을 끝까지 들은 뒤에도 프리드리히의 차가운 얼굴은 전혀 변하지 않았다.

"설마 그 정도 사정으로 용서를 바라는 건 아니겠지? 너 같은 애는 베를린 안에만 해도 수십, 아니 수백은 돼."

소피아가 이름을 말하는 순간 지아의 머릿속에는 또 하나의 이름이 번개처럼 스치고 지나갔다. 바로 러시아의 여왕 예카테리나 2세였다.

'그럼 소피아가 바로 예카테리나 여왕?'

크리스티나를 만난 이후 유럽의 역사, 특히 여왕들에 대해 특별한 관심을 가지고 있던 지아의 뇌리에 예카테리나 2세의 본명이 유독 기억에 남은 이유는 그녀가 러시아 사람이 아닌 프로이센 출신이었기 때문이었다. 그리고 지금 그 예카테리나가 죽을지도 모를 위험에 빠져 있었다.

지아는 자신도 모르게 다급히 소리쳤다.

"잠깐만요! 소피아를 죽이면 당신도 죽어요!"

갑작스런 지아의 발언에 서재 안의 모든 사람들은 경악했다. 병사들은 감히 왕의 죽음을 언급한 것에 분노했고, 소피아와 한별도 깜짝 놀라 지아를 바라보았다.

프리드리히도 불쾌한 듯 인상을 썼다.

"그게 무슨 소리지?"

"들은 대로예요. 지금 당장은 아니지만 가까운 미래에 소피아는 폐하의 목숨을 살려줄 거예요."

지아의 말에 프리드리히는 차갑게 코웃음을 쳤고, 소피아와 한별은 부르르 몸을 떨었다.

"지, 지아야. 내가 무슨 힘이 있다고 폐하를 살려드리고 말고 해?"

"그래. 내가 듣기에도 그건 좀 무리다. 우리 그냥 잘못했으니 살려달라고 빌자."

하지만 지아의 눈빛은 한 치의 흔들림도 없었다.

프리드리히는 그런 지아의 눈빛이 기분 나빴다.

"흥, 너는 마치 나의 죽음을 예언하는 집시 점쟁이처럼 말하는구나."

"점쟁이는 아니지만 내 말은 사실이에요."

"그걸 어떻게 증명할 거지? 이 자리에서 네 말을 증명하지 못하면 왕가의 무덤을 더럽힌 죄에 날 농락한 죄, 그리고 감히 내 궁전에서 나의 죽음을 입에 올린 죄를 물어 셋 다 산 채로 불타는 십자가에 매달아 버리겠다."

서재 안은 순식간에 싸늘하게 얼어붙었다. 하지만 지아는 겁에 질리는 대신 오늘이 며칠이냐고 물었다.

조금은 엉뚱한 지아의 질문에 프리드리히는 조롱하는 듯한 미소로 대답했다.

"1740년 12월 15일."

지아는 분주히 기억을 뒤졌다. 그리고 마침내 그와 관련된 어떤 사실 하나를 기억해 냈다.

"내일이 되면 당신이 오랫동안 원하던 것을 얻을 수 있는 기회가 올 거예요."

"내가 오랫동안 원하던 것이 뭔 줄이나 아느냐?"

프리드리히의 빈정거림에 지아가 짧게 대답했다.

"슐레지엔."

한순간 프리드리히가 놀란 듯 눈을 크게 떴다. 오스트리아의 슐레지엔은 확실히 그가 오랫동안 노리고 있던 땅이었다. 동시에 아무에게도 이야기하지 않았던 비밀이기도 했다. 오스트리아의 여왕 마리아 테레지아가 무척 애지중지하는 영지였기 때문이었다.

프리드리히는 눈을 가늘게 뜨고 물었다.

"어떻게 알았지? 아니, 그건 중요하지 않아. 네가 말하는 그 기회라는 게 뭐지?"

지아가 대답했다.

"카를 6세의 죽음."

"며칠 전까지만 해도 멀쩡했던 자가 갑자기 죽는다고? 말도 안 되는 소리!"

지아의 말이 끝나기도 전에 프리드리히가 책상을 거세게 내려치며 고함을 쳤다.

"감히 나 프리드리히를 가지고 놀다니. 여봐라! 당장 저것들을 죽여 버려!"

그의 명령을 받자 병사들이 우르르 달려와 세 사람의 팔을 움켜쥐었다. 소피아와 한별은 절망에 몸을 떨었다. 하지만 지아는 끝까지 소리쳤다.

"하루, 딱 하루만 기다려 줘요. 그러면 내 말이 사실인지 아닌지 알 수 있잖아요!"

지아의 필사적인 외침에 잠시 침묵하던 프리드리히가 천천히 고개를 끄덕였다.

"좋다. 딱 하루만 기다려 주지. 만약 너의 말대로 된다면 너희 셋 모두를 학교에 넣어 주지. 하지만 거짓임이 밝혀질 경우, 너희들은 날 농락한 대가로 가장 비참하고 고통스러운 죽음을 맞을 것이다."

지아는 시원하게 고개를 끄덕였다.

"좋아요."

"지아, 너 왜 그런 말도 안 되는 사기를 친 거야? 으아앙~. 이제 어쩌면 좋아!"

컴컴한 지하 감옥의 문이 닫히자마자 한별은 머리를 쥐어뜯으며 절규했다. 소피아는 한쪽 구석에서 오들오들 떨고 있는 부모님을 달래기 바빴다. 홀로 숨어들어 간 딸이 걱정되어 궁 밖을 서성이다가 병사들에게 붙잡혀 이곳으로 끌려온 것이다.

지아는 한숨을 푹 내쉬었다.

"강한별, 시간여행을 한 번도 아니고 두 번씩이나 했으면서 그렇게 역사에 관심이 없니? 공부 좀 해라."

"공부는 무슨 공부! 다 죽게 생겼는데."

한별은 끝내 엉엉 울음을 터뜨렸고, 소피아와 그녀의 부모도 지하 감옥이 떠나가라 대성통곡을 했다.

지아는 귀를 틀어막으며 외쳤다.

"으악! 안 죽는다니까!"

프리드리히는 도저히 믿을 수 없다는 듯 눈앞에 놓인 쪽지를 읽고 또 읽었다. 쪽지에는 다급히 흘려 쓴 글씨로 오스트리아의 왕, 카를 6세의 죽음이 적혀 있었다. 힐끗 창밖을 보니 이제 막 해가 진 서쪽 하늘은 아직도 붉은 기운이 남아 있었다.

오스트리아에서 여기까지의 거리를 생각한다면 몇 명이나 되는 전령들이 교대로 숨 쉴 틈도 없이 말을 달려왔을 것이다. 실제로 지금 자신의 앞에 한쪽 무릎을 꿇고 앉아 있는 먼지를 뽀얗게 뒤집어쓴 병사는 아직도 거친 숨을 씩씩 몰아쉬고 있었다.

"이게 사실이냐?"

쪽지에 쓰여 있음에도 프리드리히는 다시 묻지 않을 수 없었다. 병사는 감히 고개를 들지 못한 채 대답했다.

"그렇습니다, 폐하. 누구도 예상치 못한 갑작스러운 죽음이었다고 합니다."

프리드리히는 전령을 내보낸 뒤 서재 안을 서성이며 깊은 생각에 빠져들었다. 그리고 이윽고 동이 틀 무렵 문 앞에 대기 중이던 시종을 불렀다.

"감옥에 갇혀 있는 아이들을 데려오너라."

프리드리히는 함께 끌려온 소피아와 그녀의 부모, 한별에겐 눈길조차 주지 않은 채 지아만을 뚫어져라 쳐다보며 말했다.

"너의 예언대로 지난 밤 카를 6세가 죽었다."

다른 사람들은 충격을 받은 듯 흠칫 놀라며 지아를 돌아보았다. 심지어 한별조차 수상한 듯 눈을 가늘게 떴다.

"너 설마…… 진짜 예언가?"

"으이구, 이 바보!"

지아는 한별을 가볍게 째려본 뒤 프리드리히에게 말했다.

"내 말이 사실이라는 것이 증명되었으니 약속을 지켜주세요."

프리드리히는 대답 대신 다른 질문을 던졌다.

"네 생각에 이제 내가 어떻게 할 것 같으냐?"

"슐레지엔으로 진격하겠죠."

"아주 정확해."

지아의 대답에 프리드리히는 빙긋 웃으며 고개를 끄덕였다. 지난 밤 쪽지를 받아든 순간 이미 그의 군대는 오스트리아를 향한 출전 준비를 끝낸 상태였다.

"넌 미래를 볼 수 있으니, 그럼 이번 전투의 결과도 말해 줄 수 있겠구나."

지아는 빙긋 웃었다.

"그건 굳이 미래를 내다 볼 필요도 없어요. 상대는 왕을 잃은 슬픔에 빠져 있어요. 당연히 폐하께서 승리할 겁니다."

지아의 대답에 프리드리히는 유쾌한 듯 큰소리로 웃음을 터뜨렸다.

"으하하하하! 좋아. 아주 마음에 드는 대답이다."

한참을 웃던 그는 문득 웃음을 멈추고 지아와 소피아, 그리고 한별을 차례로 돌아보았다.

"약속대로 너희 셋은 오늘부터 베를린 아카데미의 학생이다."

그의 말에 소피아와 그녀의 부모는 기쁨의 환호성을 올렸다. 한별도 죽다 살아났다는 사실에 안도의 한숨을 길게 내쉬었다.

베를린 아카데미는 크고 아름다운 정원을 사이에 두고 궁전과 마주 서 있었다. 웅장하고도 세련된 건물은 잘 가꾸어진 미로의 정원과 어울려 한 폭의 그림처럼 아름다웠다.

유명 화가의 그림과 고아한 도자기들로 장식된 건물 안쪽도 바깥쪽과 마찬가지로 무척 아름다웠다. 사치를 모르는 프리드리히 때문에 삭막할 정도로 썰렁하던 궁전과 비교하면 오히려 이쪽이 궁전다울 정도였다.

하지만 입학허가서 한 장씩을 든 채 그 안을 사방으로 헤매는 세 사람의 얼굴은 그다지 밝지 않았다.

"이걸 가지고 학생회장을 찾아가. 그럼 그 녀석이 다 알아서 해줄 거야."

프리드리히가 그 한마디만을 한 채 급히 군대를 이끌고 슐레지엔으로 떠나 버렸기 때문이었다.

한별이 투덜거렸다.

"칫! 기왕이면 데려다 주면 좋잖아."

한참을 헤매던 셋은 지나다니던 시종들을 붙잡고 물어본 끝에 어렵사리 학생회장이 있는 곳을 알아낼 수 있었다.

"아침 식사 시간이잖아요? 당연히 식당에 있겠지요."

원래 무도회를 여는 대연회실인 식당은 그 용도만큼이나 아름다운 곳이었다. 높은 천정에는 수백 개의 크리스털이 달린 커다란 샹들리에가 매달려 있었고, 대리석으로 마감된 사방의 벽에는 이름난 화가의 그림들과 예술품이 걸려 있었다.

식당 안을 가득 메운 학생들 또한 명문가의 자녀들답게 값비싼 옷과 보석으로 치장하고 있었다.

"윽! 이게 무슨 냄새야?"

한참 식사를 하며 담소를 나누던 학생들이 한순간 코를 틀어쥐며 인상을 썼다. 그리고 고개를 돌린 그곳에는 소피아와 지아, 한별이 서 있었다.

학생들의 반응에 당황한 소피아의 얼굴은 빨갛다 못해 거무스름하게 변했다.

"저기, 학생회장을 찾는데……."

"저리 가!"

"우욱! 토할 것 같아."

학생들은 소피아가 다가오자 비명을 지르며 부랴부랴 뒤로 비켜섰다. 주변의 다른 학생들도 화들짝 놀라 코를 막으며 물러서는 바람에 세 사람 주위에는 반경 2미터쯤 되는 커다란 공간이 생겼다. 그리고 그 텅 빈 공간 저쪽으로 널찍한 테이블에 마주 앉은 두 명의 청년이 보였다.

한 명은 호리호리한 몸매에 짧게 다듬은 금발 머리카락, 호수처럼 투명한 녹색 눈동자의 소유자였고, 다른 한 명은 갈색으로 그을린 피부와 제멋대로 자란 진한 갈색 곱슬머리에 헐렁한 셔츠를 입고 있는 사내였다. 하지만 둘 다 무척 값비싸 보이는 옷을 입고 있었고, 무엇보다 두 사람 모두 깜짝 놀랄 만큼 잘생긴 미남들이었다.

이들 두 사람은 학교 안에서 가장 유명한 인물들로 각각 피터 울리히와 그레고리 오를로프였다. 동시에 그토록 찾아 헤매던 학생회장과 부회장이기도 했다.

피터는 소피아와 눈이 마주치자 식욕이 달아났다는 듯 흰 수건으로 입가를 닦으며 말했다.

"왜 날 찾지?"

피터의 말에 소피아는 잠시 눈을 깜빡이다가 이내 환하게 웃으며 그에게 달려가듯 다가갔다.

"아아! 드디어 찾았네요. 전 오늘부터 여기 다니기로 한 전학생 소피아……."

"잠깐!"

소피아가 몇 걸음 앞까지 다가오자 피터가 두 손을 들며 다급히 외쳤다.

"너 지금 뭐라고 했냐?"

"전학생이라고요. 저랑 친구들까지 셋 모두."

소피아의 대답에 식당 안이 술렁거렸다. 피터는 믿지 못하겠다는 듯 인상을 썼다.

"서류는?"

소피아와 지아, 그리고 한별은 주머니를 뒤져 구겨진 종이 한 장씩을 꺼내 들었다. 새벽녘 프리드리히에게 받은 입학 서류였다.

피터는 구겨지고 먼지가 묻은 종이를 노려보다가 옆자리에 앉은 그렉의 어깨를 툭 쳤다.

"부회장, 살펴 봐."

"윽! 이런 건 매일 나만 시키더라."

그렉은 투덜거리면서도 자리에서 일어나 세 사람의 손에 들려 있던 종이들을 낚아채듯 받았다.

"어디 보자, 소피아는 프로이센 촌구석에 왔고, 애네들은 한지아? 강한별? 이렇게 읽는 거 맞아? 암튼 둘은 한국……? 어디 신대륙 이름인가?"

한참 동안 서류를 살펴보던 그렉이 고개를 들며 말했다.

"피터, 이 녀석들 진짜 전학생인가 본데? 그것도 프리드리히 전하가 직접 입학 허가를 내 주셨어."

피터는 오물이 잔뜩 묻은 더러운 드레스를 입은 소피아와 보기 민망할 정도로 짧은 치마를 입은 지아, 그리고 낡은 천 쪼가리를 기워 만든 신발을 신고 있는 한별을 말없이 바라보았다.

셋 다 최악이었지만 그 중에서도 소피아는 거의 악몽 수준이었다. 피터는 소피아에게 손가락을 까딱거렸다.

"소피아, 너만 앞으로 와 봐."

조각처럼 잘생긴 학생회장이 자신에게 관심을 보이자 소피아는 반색을 하며 냉큼 그의 앞으로 다가갔다.

촤악!

그런 소피아에게 날아든 것은 차가운 물세례였다. 피터가 물잔 가득 담긴 물을 끼얹어버린 것이다.

놀란 소피아가 화난 얼굴로 외쳤다.

"꺄악! 무슨 짓이에요?"

"더러운 건 못 참아."

소피아의 비명에도 피터는 그러든지 말든지 전혀 상관없다는 얼굴로 다시 말했다.

"교칙 2조 4항에 따라, 학생회장은 품행이 불량하고 학교의 품위를 현저히 떨어뜨리는 학생을 제적시킬 수 있다."

"에?"

"또 한 번 그런 꼴로 학교 안을 쏘다니다가 내 눈에 띄면 그대로 퇴학시키겠다는 거야."

"으윽! 그런 억지가……."

"참고로 나한테 찍힌 애들은 백이면 백 모두 잘렸어. 그러니 너도 일찍 포기하고 네 발로 걸어 나가는 게 좋아."

"흥! 절대 못 나가요. 아니, 안 나가요."

머리에서 뚝뚝 떨어지는 물을 손등으로 닦아내며 소피아는 피터를 노려보았다.

"어디 두고 보면 알겠지. 그나저나 정말 지독한 냄새군."

피터는 말을 마치며 문득 생각난 듯 코를 틀어막았다. 그리고는 분해 씩씩거리는 소피아의 머리 위에 그렉의 컵에 든 물까지 쏟아 버리고는 학생들 사이를 유유히 걸어 식당을 빠져나갔다.

"으! 진짜 열 받네."

피터의 뒷모습을 보며 소피아가 이를 갈았다. 오물이 묻은 데다가 물까지 더해져 소피아의 몰골은 처참하기 짝이 없었다. 한별조차 곤란한 얼굴로 주춤 물러섰고, 지아는 아예 모르는 사람인 척 멀리 떨어져 서 있었다.

꼬르륵!

그때 소피아의 뱃속에서 천둥소리가 났다. 그제야 세 사람은 어제 하루 꼬박 갇혀 있는 동안 아무것도 먹지 못했다는 것을 기억해 냈다. 동시에 잊고 있었던 허기가 밀려왔다.

소피아는 주린 배를 움켜쥐려다가 문득 이곳이 식당이라는 것을 기억해 냈다. 그녀는 재빨리 가장 가까운 테이블로 다가갔다. 테이블에 앉아 있던 학생들은 소피아의 몸에서 나는 악취에 기겁을 하며 자리를 피했다. 소피아는 그들의 반응을 못 본 척하며 테이블 위에 놓여 있던 냅킨으로 얼굴이며 손을 닦아 냈다. 눈처럼 새하얗던 냅킨은 순식간에 걸레처럼 변해 버렸다.

"으악!"

"엄마야!"

학생들은 난생 처음 보는 광경에 혐오스럽다는 듯 비명을 질렀다. 하지만 소피아는 태연한 얼굴로 테이블 위에 차려진 음식들을 허겁지겁 먹기 시작했다.

"미안하지만 교양이니 에티켓이니 따질 때가 아니야. 나에게는 생존문제라고."

배가 고프기는 한별도 마찬가지였다. 그는 소피아 옆의 빈 의자에 걸터앉자마자 소피아보다 몇 배는 무시무시한 기세로 음식들을 해치우기 시작했다.

"원시인들!"

학생들은 교양이나 에티켓이라고는 눈을 씻고 봐도 보이지 않는 두 사람의 식사 모습에 경악했다. 그리고 남은 한 사람, 지아 쪽을 돌아보았다. 다행히도 지아는 학생들의 기대에 걸맞은 모습을 보여주었다.

우아한 지아의 태도에 학생들은 낮게 수군거렸다.

"쟨 좀 다르다. 우아하고 고상하고……. 어딘지 귀족적이잖아."

"전학생이라는 건 쟤 혼자고, 나머지 둘은 시녀와 하인이 아닐까?"

"그럴지도 몰라. 아니, 그럴 가능성이 커."

다른 아이들의 수군거림에 소피아와 한별은 기분 나쁜 듯 얼굴을 찡그렸지만 지아는 시종 무관심으로 일관했다.

하지만 지아가 쌀쌀맞게 나오면 나올수록 아이들의 호기심은 더욱 커져만 갔다.

"혹시 신대륙이나 동방 어딘가의 공주 아닐까?"

"그, 그런가? 그러고 보니 인도 쪽 공주 같기도 하다."

"자세히 뜯어보니 무지 예쁘네."

학생들 중에서도 리사는 유달리 지아를 유심히 살폈다. 붉은 머리카락에 화려한 드레스를 입은 그녀는 러시아의 귀족으로, 아름다

운 외모에 조신한 성품을 지닌 요조숙녀로 이름이 높았다. 당연히 남학생들에게 인기가 높았으며 여학생들 사이에서도 부러움의 대상이었다. 하지만 그녀의 관심은 오직 피터뿐이었다.

불행하게도 피터는 리사뿐 아니라 어느 여자에게도 관심이 없었다. 하지만 모두들 만일 피터가 연애를 하거나 결혼을 한다면 상대는 당연히 리사라고 생각하고 있었다.

리사가 지아에게 관심을 보이는 이유는 자신과 닮았기 때문이다. 주변을 압도하는 차가운 눈빛과 온몸으로 풍겨 나오는 고고함이 그랬다. 은연중 사람들의 시선을 사로잡는 것도 같았다. 지금도 말 한 마디 없이 학생들의 관심을 끌고 있지 않은가. 먼지가 조금 묻었다 뿐, 지아의 모습은 누가 봐도 아름다웠다.

리사는 고양이 같은 우아한 걸음으로 지아에게 다가갔다. 다른 전학생들은 이미 그녀의 머릿속에서 깨끗이 사라진 뒤였다.

"안녕? 난 리사라고 해. 정식 이름은 옐리자베타 보론초바인데 그냥 리사라고 불러줘."

"난 한지아."

지아가 무뚝뚝하게 대꾸했다.

"그런데 옷이 무척 특이하다. 너희 나라 전통의상이야?"

"교복이야. 학교에서만 입는 옷."

"아, 너희 나라에선 그런 옷도 있구나. 그런데 조금 추울 것 같다. 이제 곧 눈이 올 텐데. 모스크바만큼은 아니라도 베를린의 겨울도 꽤 춥거든."

리사는 말끝을 길게 늘이며 말을 이었다.

"그래서 말인데 내가 옷을 좀 빌려 줄까?"

"네가 왜?"

지아의 퉁명스럽고 차가운 질문에 리사가 다시 한 번 밝게 미소 지었다.

"그야 당연히 너랑 친구가 되고 싶어서지. 넌 무척 특별해 보이거든."

리사의 말에 지아는 문득 주변을 돌아보았다. 다른 학생들 역시 자신을 바라보고 있었다. 학교에서처럼 적의가 아닌, 호의와 관심이 가득한 눈빛이었다.

기분이 좋아진 지아는 고개를 까딱 끄덕였다.

"좋아. 호의라는데 거절할 필요는 없겠지."

"그럼 당장 내 방으로 가자. 아, 이럴 게 아니라 아예 내 방을 같이 쓸래? 어차피 룸메이트도 없어서 쓸쓸했거든."

리사의 요란한 환호성에 지아는 귀찮음과 기쁜 마음이 동시에 들었다.

"아주 신이 났군."

지아의 입꼬리가 슬쩍 올라가자 한별이 툴툴거렸다. 그리고는 다시 맹렬하게 식탁 위를 공략하기 시작했다.

지아가 리사와 다른 소녀들에 둘러싸여 식당을 빠져나간 뒤 다른 아이들도 속속 식당을 떠났다. 곧 수업이 시작되었기 때문이다.

"이제 우리 뭐하냐?"

한별이 손가락에 묻은 빵 부스러기를 쪽쪽 빨며 소피아에게 물었

다. 소피아는 어깨를 으쓱했다

"뭐하긴? 학교에 왔으면 수업을 받아야지."

소피아는 말을 끝내며 가장 가까이에 앉아 있던 한 여학생에게 말을 걸었다.

"저기, 첫 수업이 뭐야? 교실은 어디?"

"꺄악! 뭐든지 말할 테니까 가까이 오지만 말아 줘."

질문을 받은 여학생은 비명을 지르며 잔뜩 몸을 사렸다. 그리고는 묻지도 않았는데 시간표를 내놓았다.

"채, 책은 도서관에 가면 살 수 있어. 제발 가까이 오지 마. 문는단 말이야."

여학생은 끝내 울음을 터뜨리며 도망치듯 식당을 나갔다. 한별과 소피아는 황당한 얼굴로 서로를 바라보았다.

"우리가 뭐 잘못했냐? 완전 악당이 된 기분이네."

"그러게 말이야. 그런데 책을 사야 하나?"

"그런가 봐. 너, 돈 있냐?"

한별도, 소피아도 돈이 있을 리가 없었다.

소피아는 한별과 함께 일단 도서관을 찾아갔다.

"가 보면 무슨 수가 생기겠지."

도서관에는 이미 지아가 리사와 함께 와 있었다. 조금 전까지 입고 있던 교복을 벗고 화려한 드레스로 갈아입은 지아의 모습에 한별과 소피아는 깜짝 놀랐다. 지아는 어느새 책까지 한 아름 들고 있었다.

"지아, 너 어떻게 된 거야? 그 옷은 다 뭐고 책은 어떻게 산 거야? 너, 돈 있었어?"

대답은 리사가 했다.

"내 옷을 빌려준 거야. 마침 지아에게 꼭 맞아 다행이었지. 책도 내가 사 준 거고."

"어어…… 옷은 그렇다 치고 보석에 책까지? 그건 좀 과하지 않나?"

"뭐 어때? 어치피 안 입는 옷이었고, 책은 몇 푼 하지도 않는걸. 친구끼리 이 정도는 해 줄 수도 있지."

리사의 말에는 막힘이 없었다. 지아도 이 정도 호의에 부담을 느끼지 않기는 마찬가지였다. 지아는 거북한 표정을 짓는 한별에게 퉁명스럽게 말했다.

"왜 그런 얼굴인데?"

"그야 워낙에 자존심 센 네가 아무렇지도 않게 남의 호의를 받아들이니까 이상해서 그렇지."

"당사자인 리사와 내가 괜찮다는데 왜 네가 난리인지 모르겠다."

지아는 더 이상 말하고 싶지 않다는 듯 리사와 함께 도서관을 빠져나갔다.

"저게 진짜 물 만난 물고기처럼 노네. 그래, 부자들끼리 잘 해 봐라, 흥!"

소피아는 분해 씩씩거리는 한별을 진정시키고는 머리가 하얗게 센 도서관 사서에게 조심스럽게 물었다.

"저, 저기 신입생용 책은 얼마예요?"

두꺼운 안경을 쓴 사서는 꼬질꼬질 더러운 드레스를 입은 소피아와, 역시 괴상한 옷차림을 한 한별을 머리부터 발끝까지 스윽 훑어

보며 말했다.

"교양, 철학, 인문, 종교에 관한 책만 오십 마르크다. 그런데 돈이 있기는 하니?"

소피아는 입을 쩍 벌렸다. 살 것은 책뿐이 아니었다. 사서의 설명에 의하면 공책이며 잉크, 펜도 따로 사야 했고, 교양수업에 쓸 차며 개인용 식기구도 따로 구매해야 했다. 또 부활절이며 성탄절, 할로윈과 추수감사절, 여름의 가면무도회 등 일 년에 몇 번씩이나 열리는 파티 때마다 제각각의 드레스도 필요하단다. 더구나 도서관 이용할 때도 돈이 들었다.

이에 한별은 기절할 듯 놀라며 말했다.

"으엑! 책값의 열 배는 되겠다."

"정말 그렇게나 돈이 많이 필요해요?"

소피아가 절망적으로 물었다. 사서는 가차 없이 고개를 끄덕였다.

"그것도 최소한으로 말한 거야."

소피아는 피터가 끼얹은 물에 푹 젖은 자신의 드레스를 우울한 얼굴로 내려다보았다. 한별 역시 꼬질꼬질하게 변한 교복 바지와 운동화를 내려다보며 한숨을 푹푹 쉬었다.

"어쩌냐? 그 밉상 피터의 말대로 여기 다니는 건 좀 힘들 것 같다."

"싫어! 절대로 졸업하고 말 거야. 난 목숨이 걸린 일이라고!"

소피아는 언제 우울했냐는 듯 두 주먹을 불끈 쥐었다. 그리고는 사서 쪽으로 홱 돌아섰다.

"그런데 혼자 근무하시려면 무척 바쁘시겠어요?"

"그야 힘들긴 하지. 여기 학생들이 워낙 까다로우니까."

사서는 갑자기 돌변한 소피아의 질문에 얼떨떨한 얼굴로 대답했다. 소피아는 최대한 방긋 웃으며 말했다.

"그럼 잘됐네요. 아주 성실하면서 능력 있고 더구나 돈도 많이 안 드는 조수 두 명이 있거든요."

"뭐?"

"그냥 책하고 도서관 이용료만 면제해 주시면 돼요. 돈도 조금 주시면 더 좋고요. 그 정도면 완전 거저잖아요?"

"그, 그건 그렇다만."

소피아는 사서의 손을 꽉 쥐고 흔들었다.

"좋다고요? 그럼 잘 부탁드립니다. 한별아, 어서 너도 인사드려."

"자, 잘 부탁드려요."

"얘, 얘들아? 난 아직⋯⋯."

"그럼 일단 이 책들부터 먼저 가져가고, 일은 이따가 오후부터 시작할게요."

그렇게 소피아와 한별은 베를린 아카데미 최초의 아르바이트생이 되었다.

책을 들고 달려 나가던 소피아가 문득 걸음을 멈추었다.

"아, 그런데 혹시 남는 옷 있으세요?"

사서는 얼떨떨한 얼굴로 도서관 한쪽의 창고를 가리켰다.

"가끔 도서관 수리를 하러 오는 인부들 옷이 있기는 하다만⋯⋯."

"뭐? 도서관 사서의 조수?"

우아하게 차를 마시고 있던 피터는 그렉의 말에 버럭 소리를 쳤다.

"그렇다니까. 기발하지 않냐? 그 뭐라더라, 아르바이트라던가?"

"아니 어떻게 귀족이 일을 하고 돈을 벌 생각을 한 거야? 그것도 학교 안에서."

피터가 씩씩대자 그렉은 눈을 동그랗게 떴다.

"호오~ 철의 가면 피터 울리히 나리께서 그런 가난뱅이 꼬맹이 하나 때문에 이렇게 흥분을 다 하다니 의외네. 혹시 관심 있는 거 아니야?"

그렉의 말에 피터가 버럭 화를 냈다.

"야! 그걸 말이라고 해? 이건 관심이 아니라 혐오감이라고! 두고 봐. 무슨 일이 있어도 반드시 쫓아내고야 말 테니까."

피터는 벌떡 일어나 방을 나갔다. 홀로 남은 그렉은 여전히 피식피식 웃으며 중얼거렸다.

"그렇게 흥분하니까 점점 더 재밌어지잖아."

그렉은 피터가 남긴 차를 홀짝홀짝 마시고는 느긋하게 걸음을 옮겼다.

"자, 그럼 이제 슬슬 따라가 볼까?"

도서관에 도착한 피터는 입을 딱 벌렸다. 어디서 구했는지 낡고 칙칙한 옷 위로 앞치마까지 두른 소피아와 한별이 마치 상점의 점원들처럼 도서관 안을 분주하게 돌아다니고 있었기 때문이었다.

"어떻게 된 거죠?"

피터는 화난 얼굴로 사서를 노려보았다. 반쯤 머리가 센 사서는 모른 척 딴청을 피웠다.

"흠흠, 나이가 들었더니 요즘 팔다리가 쑤시고 결려서……. 쟤들, 진짜 일 잘하더라고요."

"뭐, 뭐요? 에이, 말을 말아야지."

피터는 의뭉을 떠는 사서 대신 성큼성큼 소피아에게 걸어갔다. 그리고는 그녀의 팔을 꽉 잡아 억지로 돌려 세웠다. 그 바람에 소피아의 팔에 안겨 있던 책이 큰 소리를 내며 바닥으로 흩어졌다.

한별은 물론이고 도서관에 있던 학생들의 시선이 두 사람에게 집중되었다.

"아야! 왜 이래요?"

"몰라서 물어? 이게 뭐하는 거야?"

"보면 몰라요? 돈을 벌고 있잖아요."

피터는 따박따박 말대꾸를 하는 소피아를 죽일 듯 노려보았다.

"너, 정말 쫓겨나고 싶어 환장을 했구나? 이상한 짓 하지 말고 그냥 네 발로 걸어 나가지?"

"절대 못 나가거든요? 아르바이트하면 안 된다는 교칙이라도 있어요?"

순간 피터는 대꾸할 말을 찾지 못했다. 그런 교칙은 없었다. 아니, 그런 건 필요하지도 않았다. 베를린 아카데미는 명실상부한 유럽 최고의 사립학교였으니까. 피터가 이를 갈았다.

"이 영악한 녀석……."

"그럼 난 이제 일하러 가 봐도 되죠? 일이 밀려서."

피터는 짜증난다는 듯 씩씩거리다가 문득 쓱 웃었다.

"생각해 보니까 확실히 네 말대로 그런 교칙은 없어. 기왕 일하기로 한 거 열심히 해."

학생회장의 공식적인 허락이었다. 억지로 우기기는 했지만 조금은 불안했던 소피아와 한별은 안도의 한숨을 내쉬었다.

하지만 그것이 절규로 바뀌는 데는 그리 오랜 시간이 필요치 않았다. 피터가 느닷없이 책이 가득 꽂힌 책장 하나를 발로 차 쓰러뜨려 버린 것이다.

쿠웅!

책장은 요란한 소리를 내며 바닥에 넘어졌고, 책장을 가득 메우고 있던 책들이 사방으로 흩어져 버렸다. 아까부터 눈치만 보던 학생들은 행여 피터의 눈 밖에 날까 부리나케 도서관 밖으로 줄달음질쳤다. 조금 전까지만 하더라도 태연한 기색이었던 사서도 하얗게 질린 얼굴로 도서관 구석을 향해 자리를 피해 버렸다.

피터는 심술궂은 미소를 지으며 도서관 안을 한 바퀴 돌았다. 그가 지나는 길마다 책들이 쏟아져 내렸다.

이때 한발 늦게 도서관에 도착한 그렉은 눈을 크게 뜨고 휘파람을 불었다.

"히유~ 장관이군. 정말로 단단히 열 받았나 보네."

소피아가 소리쳤다.

"지금 뭐하는 거예요?"

"보면 몰라? 너희들이 열심히 일할 수 있도록 도와주고 있잖아."

피터는 비웃음을 지으며 분노로 몸을 부르르 떠는 소피아의 어깨를 가볍게 두들겼다.

"열심히 해 봐. 참고로 내일 아침식사 전까지 깨끗하게 치워 놓지 않으면 사서가 대신 잘리게 될 테니까. 너희 장난질에 애먼 사서만 불쌍하게 된 거지."

"비열하고 야비하고 치사한 녀석. 네가 무슨 학생회장이야?"

소피아가 화를 내며 피터의 멱살을 잡았다. 피터는 불쾌한 표정으로 소피아를 힘껏 밀쳐냈다.

"더럽게 어디에 손을 대?"

쿵!

"꺄악!"

바닥으로 쓰러지며 소피아가 비명을 질렀다.

한별이 다급히 소피아에게 달려갔다.

"괜찮아?"

소피아는 괜찮지 않았다. 어렵게 얻은 낡은 옷은 찢어져 못쓰게 되었고, 무릎이며 새하얀 얼굴에는 생채기가 졌으며, 붉은 피까지 배어 나오고 있었다.

"억울하면 지금이라도 주제파악하고 학교를 나가."

피터는 다친 소피아를 차갑게 쏘아보며 휙 돌아서 도서관을 떠났다. 잠시 소피아를 지켜보던 그렉도 서둘러 그 뒤를 따랐다.

"아파……."

소피아는 눈물이 핑 돌았다. 한별은 소피아를 부축해 의자에 앉혀 주었다.

"휴우. 큰일이다. 괜히 우리 때문에 사서 아줌마까지 말려들어 버렸어."

한별의 말에 소피아가 주먹을 불끈 쥐었다.

"흥! 다 치우면 돼. 무슨 일이 있어도 깨끗하게 치우고 말 거야. 그래서 그 녀석의 콧대를 납작하게 해 줄 거야."

"이걸 다 치운다고? 뭐가 어디에 꽂혀 있던지도 모르잖아."

한별이 절망적으로 말했다.

그때 한쪽 구석에 숨어 있던 사서가 슬금슬금 나오며 말했다.

"그건 내가 도와주마."

사서는 책상 위에 놓여 있던 두꺼운 책 한 권을 내밀었다. 그것은 책들이 어디에 꽂혀 있었는지 상세히 적혀 있는 목록이었다.

소피아는 눈을 반짝였다.

"이것만 있으면 얼마든지 할 수 있어. 고맙습니다. 그리고 죄송해요. 괜히 저희들 때문에……."

"괜찮아. 여기서 몇십 년을 보내는 동안 이보다 더한 꼴도 많이 봤어. 어서 일이나 시작하자."

사서는 손을 휘휘 저으며 책을 집어 들었다.

소피아도 긁히고 다친 다리를 절뚝거리며 책을 집어 들었다. 뽀얗게 쌓인 책의 먼지를 털어 내는 소피아의 꿋꿋한 얼굴에 작은 미소가 머물렀다.

"옛날에는 그렇게 읽고 싶어도 책을 만지기도 힘들더니 오늘은 아주 징글징글할 정도로 만져 보겠네."

한별도 고개를 내저으며 끙, 하고 넘어진 책장을 일으켜 세웠다.

지아도 도서관에서 일어난 일을 전해 들었다. 하지만 지아가 도서관에 온 것은 해가 완전히 서쪽 지평선 아래로 사라져 주변이 어둠에 잠기기 시작할 무렵이었다. 사서는 통금시간 때문에 벌써 집으로 돌아간 뒤였다. 추운 날씨에도 무거운 책을 옮기느라 소피아와 한별은 땀을 뻘뻘 흘리고 있었다.

도서관 바닥에는 아직도 거의 천여 권에 달하는 책들이 흩어져 있었다. 소피아는 도서관의 반대편 끝을 정리하느라 지아가 온 줄도 모르고 있었다.

"도와주러 왔구나. 저쪽부터 하면 돼."

한별은 지아를 보자마자 반색을 했다.

"내가 도와준다고 해도 도저히 불가능할 것 같은데?"

"그러지 말고 좀 도와주라. 안 그러면 피터 녀석이 바라는 대로 된다고."

하지만 지아는 여전히 냉정한 목소리로 말했다.

"어차피 안 되는 일에 괜히 시간 낭비하고 싶지 않아. 게다가 난 선약이 있어."

지아가 끝내 거절하자 한별은 울컥 화를 냈다.

"시간 낭비? 게다가 선약이라니?"

"리사와 친구들이 환영파티를 열어 준다더라고. 거절할 이유가 없어서 가겠다고 했어."

지아는 먼지를 뒤집어쓴 한별을 보며 다시 말했다.

"너희들은 오기 좀 곤란하겠다. 하긴, 어차피 친구들이 초대한 것도 나 하나지만."

지아의 말에 한별은 화난 얼굴로 말했다.

"소피아가 여기 들어오려고 죽을 뻔한 거 잘 알면서도 우릴 도와주기는커녕 파티에 간단 말이야? 너 제정신이야?"

"물론 난 제정신이야. 게다가 엄밀히 말하자면 이건 소피아와 네 문제야. 아르바이트를 하는 건 너희 둘이잖아. 그러니 너희들끼리 알아서 해결해야지."

지아는 거기까지 말하고 돌아섰다. 충격을 받은 듯 입을 쩍 벌렸던 한별의 얼굴이 뒤늦게 시뻘겋게 변했다.

"흥! 가라, 가! 가서 실컷 놀아라."

어느새 다가온 소피아가 오히려 그런 한별을 말렸다.

"그만해. 지아 말이 맞지 뭐. 사서의 조수는 우리 둘이지 지아가 아니잖아."

한별은 먼지와 땀이 범벅이 된 얼굴로 씩씩하게 웃는 소피아를 보며 작게 한숨을 쉬었다.

"네가 그렇게 말하니까 길길이 날뛰던 내가 바보 같잖아."

한별은 먼지가 뒤엉킨 뒷머리를 박박 긁고는 다시 책을 집어 들었다. 하지만 못내 아쉬운 듯 지아가 나간 문을 한 번 더 힐끗 돌아보는 한별이었다.

미운 오리 새끼 소피아

　뿌옇게 밝아 오는 창밖을 보며 막 잠에서 깬 피터는 피식 웃었다. 얼굴만 떠올려도 짜증이 나는 눈엣가시 같은 소피아를 쫓아내는 날이었기 때문이었다.
　"그 많은 책을 다 정리했을 리는 없고, 그 꼬장꼬장한 성격에 불쌍한 사서가 쫓겨나는 것도 못 볼 테니 결국 자기가 때려치우겠지."
　옷을 갈아입고 방 밖을 나가니 옆방의 그렉도 느릿한 걸음으로 방을 나서고 있었다.
　그렉은 여전히 졸린 듯 하품을 쩍쩍 해 댔다.
　"하아암. 배가 고파서 깨 버렸네. 그런데 웬 미소? 뭐 기분 좋은 일이라도 있어?"
　"이 학교의 유일한 오점, 소피아를 쫓아내는 날이잖아. 당연히 유쾌하지."

"하여튼 너의 학교사랑은 정말 못 말린다니까. 어차피 졸업하면 끝인데."

"난 아니야. 계속 베를린에 남아 공부를 하면서 교수직을 얻을 생각이거든. 왜냐하면……."

"왜냐하면 베를린이야말로 진정한 교양의 중심이자 18세기의 아테네니까? 지금 들은 것까지 딱 백 번째다. 프리드리히 전하라도 너처럼 베를린을 사랑하진 못할 거야."

그렉은 고개를 설레설레 저었다. 피터는 언제나 똑같은 반응을 보이는 그렉을 보며 피식 웃었다. 하지만 그 미소는 도서관의 문을 여는 순간 깨끗이 사라지고 말았다.

"이럴 수가!"

피터는 입을 딱 벌렸고, 그렉은 휘둥그레진 눈으로 휘파람을 길게 불었다. 어제까지만 하더라도 태풍이 불어닥친 듯 엉망이던 도서관은 말끔하게 정리되어 있었다. 오랫동안 쌓였던 먼지를 털어 낸 도서관은 오히려 예전보다 더 깨끗했다.

미리 출근해 있던 사서는 씩 미소를 지었다.

피터는 인상을 찌푸리며 물었다.

"어디 있죠?"

피터가 묻는 대상은 당연히 소피아와 한별이었다.

"조금 전에 잠들었어요."

사서는 도서관 한쪽 구석에 있는 작은 문을 가리켰다.

그곳은 사서가 잠시 휴식을 취할 때 사용하는 휴게실 겸 창고였다. 오래되어 보지 않는 책들이 잔뜩 쌓여 있는 한쪽 구석에는 간이

침대와 작은 테이블이 있어 잠깐 낮잠을 잘 수도 있었다.

피터가 방문을 벌컥 열었을 때, 소피아는 간이침대 위에, 한별은 먼지 쌓인 바닥에 누워 정신없이 자고 있었다. 정리를 끝내고는 그대로 기절하듯 잠들어 버린 것이다.

두 사람은 전날보다 열 배는 더 지저분하고 더러웠다. 밤새 먼지 속을 뒹굴었으니 당연한 일이었다. 하지만 잠든 소피아와 한별의 얼굴만큼은 마치 달콤한 꿈에 빠져 있는 듯 행복해 보였다.

피터는 그것이 못마땅했다.

"일어나!"

피터의 큰 고함에도 한별은 눈을 뜨지 못한 채 자고 있었다. 하지만 소피아는 억지로 눈을 떴다. 그리고는 피터를 발견하자마자 인상을 썼다.

"또 왜요? 하라는 대로 다 했잖아요."

잠을 못 자 빨갛게 핏줄이 선 눈으로 소피아가 빽 소리쳤다. 그 기세가 하도 엄청나 천하의 피터마저도 멈칫거리고 말았다.

"그, 그건…… 그러니까 도대체 어떻게 한 거야?"

"그야 열심히, 죽어라 했죠. 지금 허리도 아프고 팔도 끊어질 것 같다고요."

소피아는 다시 한 번 소리를 지르다가 발밑에서 잠든 한별을 발견했다.

"야! 여기서 자면 어떻게 해? 당장 나가."

하지만 한별은 아무리 흔들어도 일어날 기색이 없었다. 소피아는 문득 아직까지 문 앞에 서 있는 피터를 쏘아보았다. 그리고는 정신

없이 잠든 한별을 그에게 집어 던졌다.

"거기 멀뚱히 서 있지 말고 얘나 좀 데려가요."

쾅!

얼떨결에 한별을 떠안은 피터는 코앞에서 문이 닫히자 그제야 정신을 차린 듯 시선을 아래로 내렸다. 먼지투성이의 한별은 헤벌어진 입에서 침까지 흘리고 있었다.

"으, 으악!"

피터는 비명을 지르며 뒤로 팔짝 물러섰다. 그 바람에 한별은 그대로 바닥에 엎어졌지만 이미 피터의 실크 셔츠는 침으로 흥건히 젖어 있었다.

결벽증에 가까울 정도로 완벽함을 추구하는 피터는 창백하게 질린 얼굴로 도망치듯 도서관 밖으로 달려갔다.

"호호호!"

뒤에 남겨진 사서는 더 이상 참지 못하고 웃음을 터뜨렸다. 그렉도 배를 잡고 허리가 끊어져라 웃어 댔다. 그런 난리법석 속에서도 한별은 아직도 씩씩거리며 자고 있었다.

"큭큭……. 이 녀석은 내가 데려다 적당한 방에 던져 놓을 테니까 소피아는 계속 저 방을 쓰도록 해요. 어차피 피터가 기숙사 방을 내줄 것 같지는 않으니까."

그렉의 말에 사서는 고개를 끄덕였다. 드디어 베를린 아카데미 안에 소피아의 방이 생긴 것이다.

"으으…… 침을 흘리다니."

옷을 찢을 듯 벗어 버린 피터는 그대로 뜨거운 물이 가득한 욕조 안으로 뛰어들었다. 타월로 온몸을 박박 문대 보았지만 그래도 찜찜함은 지워지지 않았다.

"게다가 소피아 그 녀석, 감히 나한테 소리를 쳤겠다!"

침을 흘린 한별보다 그 한별을 떠안긴 소피아가 더욱 미운 피터였다. 그의 머릿속에는 온통 어떻게 하면 학교의 품격을 떨어뜨리는 소피아와 한별을 정당하게 내쫓을 수 있을까 하는 것뿐이었다. 그리고 마침내 욕조의 뜨거운 물이 싸늘하게 식을 때쯤 그의 입가에 약간은 비겁한 미소가 떠올랐다.

"생각해 보니 간단한 거였군."

오전 내내 잠을 잔 소피아는 허둥지둥 고양이 세수를 하고 오후 수업에 들어갔다. 한별은 어디서 자고 있는지 보이지 않았다.

소피아가 나타나자 교실 안이 술렁거렸다. 도서관에서의 일이 전해졌던 것이다. 일부 여학생들은 감히 자신들도 받아보지 못한 피터의 관심을 받고 있다는 자체만으로도 질투심을 보였다. 정작 당사자인 소피아는 그런 관심은 사절이었지만.

지아와 나란히 앉은 리사는 소피아를 지그시 노려보았다. 자신은 어떻게 해서도 받지 못한 피터의 관심을 먼지투성이 드레스에 더러운 앞치마까지 두른 저 가난뱅이가 어떻게 끌었는지 도무지 알 수가 없었다.

"저 애, 누구야?"

리사가 나직이 묻자 지아가 대답했다.

"소피아? 가난한 귀족이야. 전쟁을 피해 베를린으로 왔대."

"잘 몰라? 함께 전학 왔잖아?"

"응? 아아…… 거기엔 사정이 조금 있어."

지아는 말끝을 흐렸다. 아무리 새로 사귄 친구 리사가 마음에 들어도 21세기 서울에서 18세기 유럽으로 시공을 초월해 날아왔다는 말은 할 수 없었다.

지아가 입을 다물자 리사는 더욱 의심스러운 눈초리로 소피아의 옆모습을 바라보았다. 소피아의 숱 많고 검은 머리카락에는 어젯밤 증거처럼 거미줄이 달라붙어 있었다.

그때 교실의 문이 열리며 백발이 성성한 교수가 들어왔다.

베를린 아카데미에는 최고 수준의 사립학교라는 타이틀에 걸맞게 프랑스의 철학자이자 사상가 디드로를 필두로 철학자이자 수학자인 라이프니츠, 스위스의 유명한 물리학자인 오일러 등 수준 높은 교수들이 포진해 있었다.

그 중 가장 유명한 사람은 문인이자 철학 사상가인 볼테르로, 이름 높은 대학자답지 않게 학생들과도 친구처럼 친하게 지내 무척 인기가 높았다.

소피아는 가벼운 흥분을 느꼈다. 볼테르의 이름은 그녀의 고향에서도 무척 유명했기 때문이었다. 하지만 기대에 찬 미소는 볼테르를 뒤따라온 피터를 발견하는 순간 씻은 듯 사라졌다.

여학생들은 생각지도 못한 피터의 등장에 꺄꺄, 비명을 지르며 발을 굴렀지만 소피아는 썩은 사과라도 한 입 베어 문 듯 확, 인상을 찌그렸다.

피터는 시시각각으로 바뀌는 소피아의 얼굴을 보며 피식 웃었다. 그리고 볼테르를 슬쩍 돌아보았다. 그러자 노교수가 장난스럽게 눈을 빛내며 입을 열었다.

"흠흠, 애들아~. 드디어 때가 왔도다. 방학도 얼마 안 남았으니 슬슬 시험을 봐야지? 주제는 가을 내내 배웠던 셰익스피어의 비극과 희극의 비교다. 분량 미만은 낙제다. 횡설수설이나 책을 그대로 베껴 오는 녀석들도 당연히 낙제, 어휘력이 모자라도 낙제, 인용 문구가 너무 모자라거나 넘쳐도 낙제란다."

"너무해요, 교수님."

"안 돼요!"

"으으윽…… 셰익스피어 미워."

노교수의 폭탄발언에 학생들은 비명을 질렀지만 소피아는 아예 절망했다. 셰익스피어라는 이름도 어제 도서관 책을 정리하면서 처음 본 그녀였다. 더구나 기간도 오로지 일주일밖에 주지 않는다는 볼테르의 말에 딱 기절하고 싶은 심정이 되었다.

이어지는 수업에서도 마찬가지였다. 음악 교수는 모차르트의 오페라 전곡에 대한 비평을, 수학 교수 라이프니츠는 칠판 가득 복잡한 수식을 적은 뒤 그것을 증명하라는 과제를 냈다.

심지어 이것저것 잡다하게 가르치는 것이 많아 잡학 교수라고 불리는 괴테는 백과사전만큼이나 두꺼운 과제물을 직접 만들어 오기까지 했다.

"으악! 파우스트의 작가 괴테가 어째서 문학에 지질학까지 가르치는 거야?"

쉴 새 없이 쏟아지는 과제물에 지아가 비명을 지를 정도였으니 다른 학생들은 말할 것도 없었다.

"아…… 하하. 어쩌면 꿈일지도 몰라."

소피아는 이제 허탈한 웃음이 나올 지경이었다. 그런 소피아를 피터의 목소리가 현실로 되돌려 주었다.

"너 아직 모르지? 우리 학교에서는 3과목 이상 낙제점을 받으면 자동 퇴학이야."

소피아는 깜짝 놀라 고개를 들었다. 그러자 자신을 빤히 바라보는 피터와 눈이 마주쳤다. 그의 눈은 춤을 추듯 웃고 있었다.

"선배와 교수님들이 짠 거예요?"

소피아의 외침에 다른 학생들은 깜짝 놀라 그녀를 돌아보았다. 따가운 시선이 쏟아졌지만 소피아나 피터나 신경 쓰는 기색은 전혀 없었다.

피터가 말했다.

"정확히는 교수님들이 내 부탁을 들어주신 거지. 난 학생회장에 모범생이거든."

"도대체 왜요?"

"몰라서 묻나? 이 학교는 너 같은 어중이떠중이가 다닐 수 있는 학교가 아니라는 걸 알려 주려는 거잖아."

피터는 화가 나 얼굴이 새빨개지는 소피아에게 한마디 덧붙였다.

"자동 퇴학당하고 싶지 않으면 아주 열심히 해야 할 거야. 하긴 그 무식한 머리로 아무리 열심히 한다 해도 안 되는 건 절대 안 되겠지만 말이지."

피터는 크게 웃으며 유유히 교실을 빠져나갔다. 그가 나가자 이번에는 다른 학생들의 비난이 이어졌다.

"뭐야? 그럼 이게 다 너 때문이라는 거야?"

"아우, 짜증나. 쟤 때문에 낙제라도 받으면 무슨 망신이야?"

"으윽! 진짜 싫다. 너 뭐야?"

"나가 죽어!"

소피아도 지지 않고 외쳤다.

"야! 너희들은 그나마 배우기라도 했잖아. 그리고 학기말에는 시험 보는 게 당연한데 왜 그것까지 나한테 화풀이야?"

"다른 때는 이렇게 어렵지 않았으니까 그러지."

아이들은 야유를 하며 펜이며 잉크병, 들고 있던 책들을 닥치는 대로 집어던졌다.

"꺄악!"

소피아는 다급히 두 팔로 얼굴을 가렸다. 그녀의 드러난 팔이며 어깨로 도자기와 유리 잉크병이 날아들었다. 얼굴이 일그러지고 신음소리가 절로 났다. 하지만 학생들은 멈추기는커녕 급기야 교실에 놓여 있던 커다란 꽃병까지 집어던졌다.

"퍼억!"

누군가 던진 꽃병은 소피아의 머리에 정확히 날아들었다. 반투명한 유리 꽃병은 순식간에 산산조각이 나며 부서졌고, 소피아는 비명과 함께 바닥에 쓰러졌다.

그제야 학생들은 깜짝 놀라 어깨를 움찔했다. 하지만 이미 소피아의 머리에서는 꽃병에 담겼던 물과 함께 붉은 피가 주룩주룩 흘

러내리고 있었다. 잠시 교실 안에 정적이 흘렀다.
"소피아!"
이때, 정신없이 잠을 자다가 때마침 교실에 도착한 한별이 깜짝 놀라 소리를 지르며 소피아를 감싸 안았다. 그리고는 화난 얼굴로 학생들을 쏘아보았다.

순간 학생들 사이에 앉아 있던 지아의 눈과 한별의 화난 시선이 허공에서 맞부딪혔다. 한별은 자신도 모르게 고함을 쳤다.

"한지아! 넌 거기 있었으면서도 소피아가 이 지경이 되도록 구경만 했어?"

그 갑작스러운 고함에 놀란 듯 지아의 어깨가 잠시 굳어졌다. 하지만 다음 순간, 지아의 얼굴은 형편없이 일그러졌다.

여태껏 그녀는 누군가에게 단 한 번도 혼나 본 적이 없었다. 그런데 한별은 막 호감이 가는 친구들 앞에서 자신을 노골적으로 힐난하고 나선 것이다. 그것도 소피아를 감싸기 위해. 지아의 입에서 고운 목소리가 나올 리 없었다.

"소피아가 세 살짜리 아이도 아닌데 나더러 뭘 어쩌라는 거야? 그렇게 걱정이 되면 네가 잘 따라다니지 그랬니?"

지아의 말에 한별은 조금 더 인상을 찌푸렸다.

"친구가 눈앞에서 괴롭힘을 당하는데 그런 말이 나오냐?"

한별은 여전히 비난하는 듯 지아를 쏘아보았다. 두 팔로는 여전히 소피아를 감싸 안은 채였다.

지아는 한별과 소피아를 동시에 쏘아보며 조금 전보다 더욱 싸늘히 말했다.

"기억 못하나 본데 나도 얼마 전 같은 상황이었다고 말해 주고 싶네. 그때 난 누구의 도움도 바란 적 없고, 실제로 날 도운 애도 없어."

"그, 그거야……."

한별은 예상치 못한 지아의 말에 당황한 듯 더듬거렸다.

"소피아도 마찬가지야. 이 정도에서 무너질 거면 일찌감치 짐 싸서 나가는 게 낫지."

지아는 내친김에 쐐기를 박듯 한마디 덧붙이고는 그대로 몸을 일으켜 리사와 함께 교실을 빠져나갔다.

지아의 냉정한 말에 한별은 차가운 물을 뒤집어 쓴 기분이었다.

'학교에서 받은 상처가 그렇게 컸나?'

그때 바닥에 쓰러져 있던 소피아가 거짓말처럼 벌떡 일어났다. 얻어맞은 충격에서 이제야 벗어난 것이다. 소피아는 얼굴에 뒤범벅이 되어 흐르는 물과 피를 닦을 생각도 하지 않은 채 화가 잔뜩 난 얼굴로 외쳤다.

"이것들이 진짜! 너희들 어마어마한 부자들이라며? 겨우 이따위 잉크병이나 던질 거야? 좀 제대로 돈 되는 걸 던져 봐."

순간, 교실 안은 정적이 흘렀다.

"쟤, 뭐야?"

"뭐 저런 애가 다 있어? 피터 선배가 이해가 된다."

"야, 가자. 아우, 창피해."

학생들은 질렸다는 듯 진저리를 치며 한둘 교실을 떠났다.

소피아는 그들의 등에 대고 소리쳤다.

"그런데 너희들, 이거 분명히 버린 거다. 이제 다 내 거라고. 나중에 딴말하기 없기야."
 학생들은 질렸다는 듯 고개를 저었다.

 학생들이 모두 떠나자 소피아는 그제야 바닥에 털썩 주저앉았다. 온몸의 힘이 모두 빠져나간 듯 손가락 하나 까딱할 수가 없었다. 한별은 그럴 줄 알았다는 듯 입고 있던 옷 귀퉁이를 찢어 소피아의 상처를 닦아 주었다.
 "무리하는 것 같더라니. 어디 좀 보자."
 상처는 꽤 깊은지 한참을 닦아도 선홍색의 피가 계속 흘러나왔다. 한별은 심각하게 말했다.
 "가자. 여기도 학교니까 양호실 비슷한 게 있을 거야."
 "괜찮아. 이 정도 상처는. 그보다 산처럼 쌓인 과제물이 훨씬 더 걱정이라고."
 아무렇지도 않은 척 했지만 소피아의 어깨는 가늘게 떨리고 있었다. 정말 과제 때문인지 아니면 상처가 아파서인지, 그것도 아니면 상처받은 자존심 때문인지는 한별도 몰랐다. 다만 한 가지, 치료가 필요하다는 것만큼은 명확했다.
 "야! 다친 게 더 큰일이거든? 빨리 일어서. 안 그럼 질질 끌고 갈 테니까."
 "아, 알았어. 가면 되잖아. 하지만 그 전에 이것들부터 챙겨 놓자. 요즘 종이와 잉크 값이 얼마나 비싼데. 이게 다 돈이야, 돈."
 "아휴, 알았다, 알았어. 이 짠순아."
 피를 뚝뚝 흘리면서도 악착같이 바닥에 떨어뜨린 물건들을 주워

담는 소피아를 보며 한별은 피식 웃고 말았다.

"무슨 소리야? 누가 다쳐?"
피터는 그렉의 말에 읽던 책에서 눈을 떼며 물었다.
공부라면 질색인 그렉은 항상 교수들을 피해 학교 이곳저곳을 쏘다녔고, 그 덕분에 학교에서 일어나는 일이라면 무엇이든 가장 먼저 알아차리곤 했다.
"너의 멋진 활약 덕분에 소피아가 애들에게 꽤 화려하게 당한 모양이더라고. 수십 명한테 얻어맞고 발로 차이고, 게다가 잉크까지 흠뻑 뒤집어써서 꼴이 말이 아니래. 피도 철철 흘리고……. 야, 말하는 데 어디 가?"
조금 전 상황을 몇 배나 부풀려서 전하던 그렉은 도중에 피터가 벌떡 일어서자 놀라 외쳤다. 하지만 이미 피터는 방을 가로지르고 있었다.
단단히 화가 났는지 평소답지 않게 읽던 책도 바닥에 내던지고 나가는 피터의 뒷모습에 그렉은 조금 묘한 미소를 지었다.
"흐음, 혹시나 했는데 금방 확 달아오르네? 암튼 진짜 흥미진진하다니까."
조그맣게 중얼거리던 그렉은 바닥에 떨어진 책을 집어 피터가 읽던 페이지에 단정히 책갈피를 꽂았다. 그리고는 급히 나간 피터를 대신해서 찻잔을 닦고, 카펫을 만지는 등 방 여기저기를 정돈하기 시작했다. 평소 칠칠맞고 털털한 그와는 전혀 어울리지 않게 조심스러운 손놀림이었다.

"그렉 이 망할 녀석……."

서둘러 의무실로 달려간 피터는 이마 한쪽에 작은 반창고를 붙인 채 코를 골며 정신없이 잠든 소피아를 발견하고는 이를 갈았다. 하지만 이내 피식 웃고 말았다. 이불을 걷어차고 잠든 소피아가 마치 강아지처럼 귀여워 보였기 때문이었다.

하지만 웃음도 잠깐, 이불을 걷어차느라 드러난 소피아의 종아리며 팔뚝이 온통 새파란 멍으로 뒤덮여 있는 것을 발견하자 피터의 얼굴이 딱딱하게 굳어졌다. 정작 가장 많이 괴롭히는 것은 자신이었지만 다른 아이들에게 소피아가 당했다고 생각하니 괜히 화가 치밀어 올랐다.

"이 녀석들, 감히 내가 괴롭히려고 찍어 둔 애에게 손을 댔겠다?"

피터는 이를 갈며 의무실을 나섰다. 그가 향하는 곳은 소피아의 동급생들이 모이는 신입생 휴게실이었다.

잠시 후, 휴게실에서는 처절한 비명이 터져 나왔다.

자고 있는 사이 무슨 일이 벌어졌는지 꿈에도 알지 못하는 소피아는 잠에서 깨어나며 길게 기지개를 켰다.

"흐아! 잘 잤다."

동시에 자는 동안 뒤로 미뤄 두었던 걱정거리들이 밀물처럼 쏟아졌다. 하지만 아무리 끙끙 머리를 싸매고 고민을 해 봐도 배워 보지도 않은 것들, 특히 오페라니 과학이니 하는 것들을 단시간에 공부할 수는 없었다.

그런 점은 한별도 마찬가지였다. 하지만 한별은 그저 어깨를 으쓱일 뿐이었다.

"난 낙제해도 괜찮아."

소피아는 한숨을 내쉬며 한별과 함께 도서관의 창고 방으로 돌아왔다. 먼지가 좀 많다는 단점이 있기는 했지만 언제든 원하는 시간에 도서관의 책들을 볼 수 있다는 장점은 무척 마음에 들었.

하지만 과제들은 책만 읽어서는 절대 끝낼 수가 없는 것들이 더 많았다.

"아무래도 우리끼리는 안 되겠어. 누군가에게 도와 달라고 한번 부탁을 해 보자."

소피아는 맞은편 책상에서 꾸벅꾸벅 조는 한별을 깨우며 말했다.

이런 경우 한별이 도움의 손길을 내밀 대상은 딱 한 사람, 지아뿐이었다. 아까 교실에서 지아의 눈빛을 잠시 떠올린 한별은 애써 고개를 흔들었다.

"그래도 내 부탁을 모른 척 하진 않을 거야……."

"싫어."

한별의 예상과는 달리 지아는 단번에 거절했다.

"하지만 낙제하면 소피아가 쫓겨난단 말이야."

"나도 알아."

"알면서……"

"이건 개개인 각자에게 주어진 숙제야. 단체 과제가 아니라고. 그리고 내가 소피아를 돕는다면 다른 애가 낙제하게 될 지도 모르잖아?"

"그, 그야 그렇지만……."

"게다가 실력이 안 되면 포기할 줄도 알아야지."

냉정한 지아의 말에 한별이 눈이 동그래졌다가 다시 실처럼 가늘어졌다.

"소피아가 학교에 들어오려고 어떤 노력을 했는지 아는 네가 그런 말을 하냐?"

"그것 자체가 무리였다는 거야. 피터의 말대로 걘 학교의 품격에 먹칠만 하고 있잖아."

한별은 이제 기가 막힌다는 얼굴이 되었다.

"품격이라니? 학교 다니는데 그런 게 왜 필요해? 학생은 열심히 공부를 하면 되고, 그런 면으로 보자면 소피아야말로 가장 학생다운 학생이던데."

"하지만 아무리 노력해도 극복하지 못하는 게 엄연히 있어."

"그게 뭔데?"

한별이 도발하듯 물었다.

"신분의 차이. 그건 아무리 노력해도 얻을 수 없는 거야. 타고나는 거지."

한별의 눈썹이 순간 꿈틀거렸다.

"너와 리사처럼?"

지아는 굳이 부정하지 않았다.

"맞아. 나와 리사처럼."

한별은 잠시 지아를 지그시 바라보다가 입을 열었다.

"그럼 대기업 회장의 손녀인 너와 비천한 정원사의 아들인 나 사이에도 신분의 벽이라는 게 있겠구나."

지아는 한별의 비아냥거림에 멈칫했다. 하지만 즉시 아니라는 반박도 하지 않았다. 한별의 한쪽 입술이 비틀려 올라갔다.

"지아 너, 리사라는 그 애랑 붙어 다닌 후로 좀 이상해진 거 알아? 속물같이 변했어. 사람은 모두 평등해. 세상에는 귀족도, 천민도 없어. 그런 건 이름뿐이라고. 게다가 잊었나 본데 소피아도 엄연히 귀족 출신이야."

"귀족이라고 다 같은 귀족은 아니지. 이 학교의 수준은 소피아가 아무리 노력해도……."

"아니, 소피아는 절대 포기할 애가 아니야. 두고 봐. 이번에도 멋지게 위기를 넘길 테니까."

그렇게 말하는 한별의 눈은 소피아에 대한 신뢰와 우정으로 반짝였다. 지아는 그것이 보기 싫어 기어이 고집스레 한마디 더 하고야 말았다.

"그야 두고 보면 알겠지. 하지만 너무 기대하지 않는 게 좋을 거야. 사람에게는 한계라는 게 있으니까."

"지아, 그 녀석, 변했어."

도서관으로 돌아온 한별은 바닥이 꺼져라 한숨을 쉬었.

소피아는 낙담했지만 한별만큼 크게 실망한 얼굴은 아니었다.

"어쩔 수 없지. 셰익스피어의 비극은 몽땅 도서관에 있으니까 질리도록 읽다 보면 뭔가 나오겠고, 모차르트 오페라는……."

"그건 내가 도와주마."

그때까지 잠자코 한쪽에서 듣고만 있던 사서가 끼어들었다.

"남편이 음악가인데 이번 주 내내 악단에서 모차르트 오페라를 연주하거든. 너희들만 좋다면 관중석 맨 뒷자리 정도는 구해 줄 수 있어."

사서의 말에 소피아와 한별이 환호성을 올렸다.

"정말요? 고맙습니다!"

"오예!"

그렇게 두 사람은 낮에는 교실과 도서관을 오가고, 그 틈틈이 사서를 따라 허름한 공연장에서 모차르트의 오페라를 관람했다.

처음 접하는 오페라에 꾸벅꾸벅 졸기 바쁘던 두 사람이었지만 사서의 남편이 들려주는 친절한 설명과 다른 오페라 배우들이나 연주가들의 왁자지껄한 수다를 듣는 동안 어느 정도 모차르트에 대한 지식을 쌓게 되었다.

하지만 정작 문제는 수학이었다. 빽빽하게 적혀 있는 수학 공식은 말 그대로 외계에서부터 보내온 암호였다.

뜻밖에도 도움의 손길을 내민 것은 그렉이었다.

"수학? 진작 이 선배님한테 물어봐야지."

늦은 밤 불쑥 도서관을 찾아온 그렉에게 두 사람은 일단 의심의 눈길부터 보냈다.

그렉은 난감한 듯 뒷머리를 긁적였다.

"흠, 그런 뜨거운 시선은 아무리 내가 인기남이라고 해도 조금 부담스러운데?"

소피아가 황당하다는 얼굴로 소리쳤다.

"뭐가 뜨거운 시선이에요? 수상해서 노려보는 거잖아요?"

"맞아. 저 선배가 순순히 우릴 도와줄 리가 없어. 거기에 공부도

무지 못하게 생겼잖아."

그렉이 삐친 듯 입을 삐죽거렸다.

"그럼 너희들끼리 수학 문제 풀래? 과학은? 지질학은 또 어쩌게? 나 이래 봬도 피터에 이어 전교 2등이다."

한별과 소피아의 눈이 동시에 휘둥그레졌다. 소피아가 조심스레 물었다.

"정말 도와주실 거예요? 진짜?"

"그렇다니까."

"하지만 왜요? 친구인 피터 선배는 우릴 못 잡아먹어서 안달을 하잖아요."

그렉은 짧고 간결하게 대답했다.

"이대로 너희들이 쫓겨나면 재미가 없잖아."

한별이 눈을 가늘게 뜨고 되물었다.

"이유라는 게 단지 그것뿐?"

"고럼! 당연하지. 너희들은 학교 창립 이래 가장 가난하고 특이한 구경거리란 말이야. 그러니까 악착같이 버티면서 피터랑 좀 놀아 줘라. 요즘 너희들 보면 아주 재밌어 죽겠다니까."

'지금 우리가 노는 걸로 보이나?'

그렉의 히죽거리는 미소를 보며 한별은 잠깐 피터보다 그가 더 얄밉다는 생각을 했다. 하지만 지아도 거절했고, 웬일인지 전보다 더욱 적개심을 풀풀 피워 대는 동급생들에게는 말도 꺼내기 어려운 지금, 그렉이 내미는 손길을 도저히 거절할 수는 없었다.

소피아도 한별과 마찬가지였다. 오히려 한별보다 더욱 다급한 쪽은 소피아였다.
"그럼 이번 과제만 좀 부탁 드릴게요."

드디어 일주일이 지나고 교수들의 책상 위로 과제물들이 속속 쌓였다. 그 과제물 때문에 지난 일주일간 잠을 설친 학생들의 몰골은 말이 아니었다. 언제나 윤기가 나도록 손질하던 머리카락은 부스스했고, 눈은 충혈되어 있었다.

다른 아이들보다 훨씬 수월하게 과제를 끝낸 지아도 피곤한 듯 눈을 비볐다.

뒤늦게 교실에 도착한 소피아와 한별도 허겁지겁 과제를 제출했다. 학교 안팎으로 뛰어다녀야 했던 둘의 모습은 다른 학생들보다 몇 배는 형편없었다. 하지만 최선을 다한 결과에 만족한 듯 후련한 표정이었다.

"아우, 저 원수. 뭐가 좋다고 히죽거리는 거야?"

학생들은 소피아와 한별을 죽일 듯 노려보며 툴툴거렸다. 하지만 전처럼 뭘 집어던지거나 하는 폭력을 행사하지는 않았다. 피터의 분노를 경험한 덕분이었지만 소피아와 한별은 꿈에도 그 이유를 알 수 없었다.

지아는 두 사람이 친근한 미소를 주고받자 불편한 마음에 인상을 찡그렸다. 분명 더 많은 친구들에게 둘러싸여 있는 건 자신인데도 왠지 저 둘에게 따돌림을 받고 있는 기분이었다.

하지만 지아는 이내 고개를 흔들어 복잡한 생각들을 털어 냈다.

'난 지금 완벽한 학교생활을 하고 있어. 재들을 부러워할 이유가

없어.'

이윽고 문이 열리고 교수들이 줄지어 들어왔다. 교수들은 탁자 위에 산처럼 쌓인 과제물들을 보며 악동처럼 씩 웃었다.

채점이 시작되자 교실 안은 팔락팔락 종이가 넘어가는 소리를 제외하고는 아무 소리도 들리지 않았다. 학생들은 교수들이 간혹 인상을 쓰거나 붉은 잉크로 뭔가 휘갈겨 쓸 때마다 마른침을 꿀꺽 삼켰다.

채점이 끝나갈 때쯤 교실 문이 열리며 피터가 들어섰다. 소피아는 눈을 반짝이며 들어선 피터를 보자마자 꼴도 보기 싫다는 듯 고개를 홱 돌렸다. 피터가 왜 온 것인지 대충 감이 왔기 때문이었다.

"쫓겨나는 꼴을 봐 둬야지."

피터가 피식 웃으며 작게 중얼거렸다.

이윽고 교수들이 성적을 발표하기 시작했다. 지아가 전 과목에서 최고점을 받았고, 리사도 꽤 높은 점수를 받았다.

"에…… 그 다음 고득점자는…… 소피아."

교수가 지아와 리사 다음으로 높은 점수를 받은 사람의 이름을 부르는 순간, 모든 사람이 자신의 귀를 의심했다.

"저요?"

소피아 역시 깜짝 놀란 듯 눈을 깜빡였다. 교수들은 고개를 끄덕였다.

"노력과 열정이 잔뜩 담긴 아주 훌륭한 답안이야. 아주 인상 깊었어."

낙제만 피하고 보자던 소피아였다. 그런데 의외로 좋은 결과가 나오자 소피아는 자리에서 펄쩍 뛰어오르며 환호성을 질렀다.

반대로 피터의 얼굴은 보기 좋게 일그러졌다. 그는 믿지 못하겠다는 듯 교수들의 손에 들린 소피아의 답지를 직접 훑어보기까지 했다.

그때 교수 볼테르가 수염을 매만지며 넌지시 말했다.

"어떤가, 회장? 흠잡을 데 없는 훌륭한 답안이지?"

피터는 벌레 씹은 얼굴로 고개를 끄덕일 수밖에 없었다.

"내가 보기엔 이 정도면 장학금을 받을 자격이 있지 않을까?"

피터의 얼굴은 조금 전보다 더욱 일그러졌다.

"그, 그렇군요."

"들었어? 장학금을 받는대!"

"정말 잘 됐다!"

소피아와 한별은 손을 맞잡고 팔짝팔짝 뛰었다. 소피아가 기뻐하면 할수록 피터는 진창으로 빠져드는 기분이었다.

"제길!"

"장학금?"

"네."

오랜만에 부모님을 만난 소피아는 기쁜 목소리로 장학금을 받게 되었다는 소식을 전했다. 하지만 예상과 달리 부모님의 얼굴은 그다지 밝아지지 않았다.

"무슨 일 있으세요?"

"일은 무슨 일. 넌 아무 신경 쓰지 말고 공부만 열심히 해."

소피아의 어머니가 고개를 저었다. 하지만 그녀의 얼굴엔 여전히 근심이 가득했다. 소피아는 집요하게 캐물었다. 아버지는 시선을 외면했고, 결국 어머니가 깊은 한숨을 쉬며 말을 꺼냈다.

오직 소피아를 학교에 입학시키겠다는 일념으로 베를린에 온 두 사람은 일단 소피아가 입학을 하자 그제야 무일푼으로 베를린 한가운데 떨어졌다는 사실을 깨달았다. 그렇다고 귀족인 그들이 평민처럼 직장을 구하거나 장사를 할 수도 없는 노릇이었다.

아버지는 베를린의 귀족들을 찾아다니며 도움을 받을 만한 사람들을 찾아보았지만 슈체친에서만 살던 그를 돕겠다고 나선 사람은 아무도 없었다. 사정은 어머니도 마찬가지여서 두 사람은 하는 수 없이 베를린 아카데미 인근의 작은 여관에 머물기로 했다. 하지만 생활비가 만만치 않아 둘은 집을 떠날 때 가지고 왔던 패물을 팔아 여관비와 식비를 해결했다. 심지어 어머니는 입고 있던 옷마저 팔았다. 그래도 밀린 방값을 내기에는 역부족이었다.

거기까지 들은 소피아는 입술을 질끈 깨물었다. 그제야 어머니가 입은 허름한 옷이 눈에 띈 것이다.

"여관 주인은 나가라고 성화고 먹을 것도 없으니 이제 어쩌면 좋을지 모르겠구나."

어머니는 말을 마치며 바닥이 꺼져라 한숨을 쉬었다. 하지만 소피아는 어머니가 말이 끝나자 빙긋 미소를 지었다.

"에이, 난 또 무슨 걱정이시라고. 일단 이걸로 밀린 방값을 내세요."

소피아는 주머니에서 붉은 비단 주머니를 꺼내 내밀었다. 주머니 안에는 아침에 장학금으로 받은 금화가 들어 있었다.

어머니와 아버지는 놀라고 미안하여 손을 저었다. 하지만 소피아는 한사코 그들의 손에 돈을 쥐어 주었다.

"걱정하지 마세요. 저 원래 학비 면제로 들어갔잖아요. 게다가 저 도서관 사서 조수로 뽑히기도 했어요. 한 달 후면 조금이지만 돈도 나올 거예요."

소피아는 미안해하는 부모님에게 환하게 웃어 주었다.

여관 앞에서 소피아를 기다리던 한별은 발소리가 나자 뒤돌아보았다.

"오랜만에 부모님을 만났는데 왜 그렇게 기운이 없어? 아니면 벌써 보고 싶어진 거냐?"

한별의 말장난에도 소피아는 아무 대꾸가 없었다. 머쓱해진 한별은 뒤통수를 긁었다.

"흠흠, 아니면 말고. 어서 옷이나 사러 가자. 이건 이제 도저히 못 입겠다."

한별은 소피아의 팔을 잡아끌었다. 학비를 내지 않아도 되는 두 사람은 소피아가 받은 장학금으로 새 옷을 사기로 했던 것이다.

"미안. 돈 없어."

"응? 그게 무슨 소리야? 들어갈 때까지만 해도 있었잖아? 그 사이 없어졌다면…… 혹시 소매치기?!"

"그런 거 아니야."

소피아는 당장이라도 소매치기를 잡으러 안으로 뛰어들려는 한별을 말리며 부모님이 처한 상황을 설명했다.

"그럼 당분간은 이 옷으로 버텨야 하나?"

한별은 어두운 얼굴로 낡아 빠진 자신과 소피아의 옷을 바라보았다. 소피아가 더욱 어두운 얼굴로 중얼거렸다.

"그 정도가 아니야. 나, 엄마 아빠의 생활비도 벌어야 한다고."

"학교에 다니면서 어떻게 그 많은 돈을 벌어?"

"나도 모르지."

애초 외출의 목적이 사라진 두 사람은 터덜터덜 학교로 무거운 발걸음을 옮겼다. 두 사람의 좌우로는 시끌벅적한 시장이 열리고 있었다. 과일과 곡식, 옷과 보석 등 시장의 좌판에서는 안 파는 물건이 없었다.

말없이 걸음을 옮기던 소피아의 눈이 한순간 빛났다.

모처럼 외출을 했던 피터는 학교로 돌아가며 인상을 찌푸렸다. 마차가 고장 나는 바람에 복잡한 시장거리를 걸어서 지나가야 했기 때문이었다. 그렉은 뭐가 그리 신이 나는지 여기저기를 기웃거리고 있었지만 피터는 반쯤 녹아 진창이 된 눈 위로 방치된 쓰레기와 바삐 움직이는 땀투성이의 상인들, 그리고 먼지가 뽀얗게 쌓인 좌판의 음식들을 보며 토할 듯한 표정을 지었다.

그리고 그의 불쾌함은 시장거리 끝부분에 이르러 절정에 달했다. 어떤 좌판에 사람들이 잔뜩 몰려드는 바람에 골목이 꽉 막혀 도저히 앞으로 나갈 수가 없었던 것이다. 돌아가는 길도 없어 피터는 짜증난 목소리로 비키라고 소리를 질렀다.

하지만 그의 목소리는 사람들의 왁자지껄한 목소리에 묻혀 주변으로 퍼져 나가지 못했다. 꼼짝없이 길이 열릴 때까지 기다려야 했다.

"에이, 짜증나. 이래서 시장은 딱 질색이라니까."

하지만 피터와는 달리 그렉은 호기심으로 눈을 빛냈다.

"도대체 뭘 파는데 이렇게 사람들이 많은 거야?"

그렉은 피터가 말릴 새도 없이 사람들을 사이를 비집고 들어갔

다. 피터는 그렉의 엉뚱함에 한숨을 내쉬며 고개를 저었다.

"으악! 너 여기서 뭐하는 거야?"

"선배야말로 여기서 뭐해요?"

잠시 후 요란한 사람들의 웅성거림 속에서 그렉의 목소리와 함께 누군가의 경악성이 들렸다. 동시에 피터의 얼굴색이 싹 변했다. 그는 행여 먼지라도 묻을까 몸을 사리던 조금 전과는 달리 성큼성큼 사람들을 밀치며 앞으로 걸어 나갔다. 그리고 좌판 앞에 도착해서는 믿을 수 없다는 듯 눈을 크게 떴다.

"너어……."

잉크병과 누군가 쓰다 남긴 종이들을 묶어 만든 듯한 허술한 공책들을 좌판에 늘어놓고 장사꾼처럼 평민들과 흥정을 하고 있는 소피아를 발견한 순간 피터의 온몸은 분노로 싸늘히 얼어붙었다. 한쪽에서 소피아를 돕고 있던 한별은 물론이거니와 그를 몇 년 동안 옆에서 지켜봐 왔던 그렉조차 처음 보는 분노였다.

"피터 선배, 이건 그럴 만한 사정이……."

"도대체 뭘 하는 거야!"

피터의 분노한 고함이 소피아의 말을 자르며 주변 공기를 파르르 진동시켰다.

사랑의 시작

　피터는 정말로 화가 났다. 이렇게 화가 난 것이 언제였는지도 모를 정도였다. 그가 자부심을 갖고 있는 베를린 아카데미의 학생인 소피아가 땀에 절고 먼지로 더러워진 사람들을 상대로 그것도 남들이 쓰다 남은 쓰레기 같은 물건들을 팔고 있는 것도 화가 났고, 그에게 들켜서 행여나 학교에서 잘릴까 전전긍긍 눈치를 보는 것도 화가 났다. 굳이 사람들 사이에 뛰어들어 소피아를 찾아낸 그렉에게도 화가 났고, 옆에 가까이 있으면서도 소피아를 말리지 않은 한별에게도 화가 났다.
　하지만 무엇보다 그를 화나게 하는 것은 소피아가 자신에게 이 일에 대해 일언반구도 없었다는 사실이었다. 소피아에게 무시당했다고 생각한 순간, 싸늘히 식었던 그의 몸 깊숙한 곳에서부터 뜨거운 불덩이가 치밀어 올랐다.

사랑의 시작

　피터는 참을 수 없는 분노를 실어 좌판을 힘껏 걷어찼다. 좌판 위에 늘어놨던 물건들이 아주 잠깐 허공으로 떠올랐다가 바닥으로 떨어졌다. 잉크병들은 산산이 부서졌고 책과 공책들은 더러운 바닥에 떨어져 순식간에 쓰레기로 변해 버렸다.
　"안 돼!"
　소피아가 깜짝 놀라 외쳤다. 하지만 피터는 조금 전보다 더욱 무서운 얼굴로 그녀의 손목을 꽉 움켜쥐었다. 그리고 힘껏 끌어당겼다.
　"아파……."
　피터에게 끌려가며 소피아가 약한 신음소리를 냈다. 하지만 피터는 아무 소리도 듣지 못한 듯 성큼성큼 걸을 뿐이었다.
　소피아가 피터에게 끌려가자 한별이 다급히 한 걸음 앞으로 나섰다. 하지만 이번에는 그렉이 그의 앞을 막아섰다.
　"지금은 좀 곤란해. 저 녀석, 저 상태면 아무 말도 안 들리거든. 그나저나 너희들 도대체 여기서 뭐하고 있던 거야?"
　대답은 한별이 아니라 주변에 모여 있던 사람들이 대신 해 주었다. 그들은 돌아서며 아쉬운 듯 저마다 한 마디씩 건넸다.
　"에이, 명문학교 학생들이 쓰던 물건들을 싸게 살 기회였는데 아깝네. 우리 딸이 꼭 사다 달라고 했는데."
　"그러게 말이야. 요즘 같은 때 동전 몇 닢으로 저런 좋은 종이를 어디 가서 사겠어?"
　"아깝다. 어이, 학생. 그 여학생 또 언제 나오나?"
　"나도 좀 알려 줘. 꼭 다시 올 테니까."
　사람들이 모두 흩어지자 그렉은 눈살을 찌푸리며 물었다.

"너희들 정말 장사를 벌인 거야? 미쳤구나. 걸리면 바로 퇴학인 거 몰라?"

"아마 그렇지 않을까 짐작은 했죠."

"그런데 왜? 아니, 그보다 이 많은 물건들은 다 어디서 난 거야?"

한별은 우울한 얼굴로 바닥에 떨어진 물건들을 바라보았다.

"전에 교실에서 애들이 소피아에게 던진 것들이에요. 책은 도서관 창고에 쌓여 있던 걸 사서에게 얻어서 가지고 온 거고요."

그렉은 입을 쩍 벌렸다.

"에엑! 그런 걸 팔려고 나온 거야? 도대체 왜?"

"그야 당연히 돈이 필요하니까요. 사실은 우리가 아니라 소피아의 부모님이 필요한 거지만요."

한별은 소피아가 처한 상황을 설명했다.

설명을 끝까지 듣고 난 뒤 그렉이 고개를 흔들었다.

"아무리 그래도 이건 너무 무모했어. 피터는 절대 이해 못할 거야."

한별도 그것이 걱정이었다.

모처럼의 휴일을 맞아 느긋하게 쉬던 학생들은 피터가 화난 얼굴로 소피아를 질질 끌고 들어오자 깜짝 놀라 다급히 길을 비켜 주었다. 리사와 지아도 처음 보는 피터의 난폭한 모습에 깜짝 놀라고 말았다.

"무슨 일이 있었던 거지?"

지아와 나란히 앉아 있던 리사는 인상을 찌푸렸다. 벌써 몇 번이나 피터와 소피아가 함께 붙어 있는 것을 목격했기 때문이었다. 처음에는 그저 이 학교에 어울리지 않는 소피아를 피터가 괴롭혀 쫓아내려는 의도가 빤히 보였기에 신경조차 쓰지 않았다. 하지만 시간이 지날수록 마음속에 불안감이 싹텄다. 그리고 그 불안감은 점점 질투로 변하고 있었다.

　화가 난 것도 감정의 표현이다. 리사는 그렇게라도 피터의 관심을 받고 있는 소피아가 이제 부럽기까지 했다.

　리사가 상념에 빠져 있는 사이 한별과 그렉이 학교에 도착했다. 어깨를 축 늘어뜨린 한별을 보는 순간 지아의 얼굴에는 의아함이 떠올랐다. 조금 전 소피아도 그렇고 한별도 좀처럼 저렇게 시무룩하게 변할 성격이 아니었기 때문이었다.

　한별도 지아의 시선을 느꼈다. 하지만 그는 화려한 드레스를 입고 마치 공주처럼 학생들 가운데 앉아 있는 지아를 외면했다.

　'쟨 더 이상 내가 알던 한지아가 아니야.'

"무슨 일이래?"
"나도 몰라. 하지만 뻔한 거 아니겠어? 또 무슨 사고라도 쳤겠지."
"어휴, 하여튼 쟤들 온 뒤로 하루도 조용할 날이 없다니까."
"저 더러운 옷은 또 어떻고? 꼴도 보기 싫다니까."

　지아 주변에 앉아 있던 여학생들은 누가 먼저랄 것도 없이 일제히 비난을 늘어놓았다. 하지만 지아의 귀에는 아무 소리도 들리지 않았다. 다만 자신의 시선을 외면하고 스쳐 지나는 한별의 뒷모습만이 눈에 아플 정도로 들어올 뿐이었다.

　'내가 왜 이러지?'

가슴 한쪽 구석이 아플 정도로 허전하고 서운했다. 그리고 전혀 예상치 못한 그런 감정에 지아는 당황했다.

고급스러운 가구들로 채워진 피터의 방 가운데서 소피아는 죄인처럼 눈을 내려 깔고 서 있었다. 발밑에는 양털처럼 푹신한 카펫이 깔려 있었지만 가시덤불 한가운데 서 있는 듯했다.

피터는 방 이쪽 끝에서 저쪽 끝을 왕복하며 씩씩거렸다. 차라리 화라도 냈으면 좋으련만 피터는 아까부터 한마디도 하지 않았다. 그게 오히려 소피아를 더욱 불편하게 만들었다.

"저기요……."

결국 참지 못하고 소피아가 먼저 입을 열었다. 하지만 피터의 차가운 눈초리에 입을 꾹 닫고 말았다.

그때 노크 소리와 함께 문이 열렸다. 그렉과 한별이었다.

"나가!"

피터가 버럭 소리쳤다.

그렉이 울상이 되어 말했다.

"나도 지금 이런 말 하고 싶지 않지만 아무래도 궁전으로 가 봐야 할 것 같아. 프리드리히 전하가 돌아오셨어."

그렉이 슬쩍 소피아를 돌아보았다.

"전학생들도 함께 오라셔."

프리드리히는 무척 기분이 좋았다. 지아가 예견한 대로 오랫동안 노려 왔던 슐레지엔을 완전히 손에 넣었기 때문이었다. 그것도 아주 손쉽게.

　오스트리아의 마리아 테레지아는 비겁한 습격이었다며 온갖 비난을 퍼부어 댔지만 전혀 신경 쓰지 않았다. 그는 프로이센의 왕이며, 동시에 군인이었다. 당연히 승리를 위해서라면 어떤 수단 방법을 가리지 않았고, 앞으로도 그럴 생각이었다.

　그런 이유로 프리드리히는 엉망진창인 소피아를 보면서도 그다지 기분 나빠하지 않았다.

　"정말 궁금해서 묻는 건데 도대체 어딜 쏘다녀야 그렇게 더러워지는 거지?"

　프리드리히가 묻자 소피아는 우물쭈물했다.

　"저기 그게 사실은……."

　"전하! 얘들, 정말 재밌어요. 특히 소피아는 얼음왕자 피터의 속을 하루에도 몇 번씩 뒤집어 놓는다니까요."

　그렉이 잽싸게 대화에 끼어들었다. 소피터는 억울하다는 듯 그렉을 쏘아보았고, 피터도 괜한 짓 말라는 듯 눈살을 찌푸렸다. 하지만 그렉은 아예 작정한 듯 둘의 눈총을 외면한 채 프리드리히의 맞은편 의자에 털썩 앉았다. 그리고는 세 사람의 전학 첫날부터 지금까지 벌어진 일들을 입심 좋게 풀어내기 시작했다.

　평소 사교성 좋은 그렉의 말솜씨는 현란했다. 프리드리히는 지아가 리사의 단짝이 되었다는 말에 의외라는 듯 깜짝 놀라는가 하면, 소피아와 한별이 사서의 조수라는 직장을 구했다는 말에 박장대소를 했다. 상황은 순식간에 화기애애한 다과회처럼 변했다.

　피터는 화난 얼굴로 뜨거운 홍차를 물처럼 벌컥벌컥 마셔 댔다.

'호오, 저 녀석 화가 난 건가? 저렇게 자기 감정을 드러내는 건 정말 오랜만인데?'

프리드리히는 웃으면서도 틈틈이 곁눈질로 피터를 훔쳐보았다. 그리고 피터가 격한 행동을 하는 원인인 소피아를 돌아보았다. 여전히 더러운 옷, 여전히 먼지 묻은 그녀는 처음 지하무덤에서 만났던 그때 그대로였다.

한참 동안이나 소피아를 이리저리 뜯어보던 그의 눈이 한순간 번뜩였다. 누군가의 얼굴이 소피아와 겹쳐진 듯한 착각 때문이었다. 시간이 지날수록 그의 눈빛은 더욱 날카로워졌다.

"정말 닮았군."

"예?"

그렉의 반문에 프리드리히는 아무것도 아니라는 듯 손을 내저으며 물었다.

"아무것도 아니야. 그런데 정말 시장에 좌판을 벌였나? 쯧쯧……. 귀족 망신은 다 시키고 다니는군."

"아아, 그게 그럴 만한 사정이 있더라고요."

그렉이 기다렸다는 듯 소피아의 사정을 구구절절 설명하기 시작했다.

소피아는 당황한 듯 한별을 돌아보았고, 한별은 무안한 듯 식은땀을 뻘뻘 흘리며 소피아에게 입을 벙긋거리며 속삭였다.

'미안해. 저 선배가 저렇게 수다쟁이일 줄 몰랐어.'

소피아의 처지를 미처 알지 못했던 지아도 깜짝 놀랐다. 하지만 그보다는 한별과 소피아의 친밀한 행동에 더욱 놀라고 불편했다. 그리고 또다시 소외감을 느끼는 자신에게 당황했다.

피터는 다시금 화가 치밀어 올랐다. 어째서 소피아는 그런 상황을 자신에게 설명하지 않았는지, 왜 이 사실을 그렉보다 자신이 늦게 알게 되었는지, 심지어 소피아가 한별과 나란히 앉아 있다는 자체도 화가 났다.

피터는 결국 참지 못하고 자리에서 벌떡 일어나 프리드리히에게 정중히 말을 건넸다.

"죄송합니다만 급한 일이 있어서 먼저 일어나야겠습니다."

"응? 그, 그래."

"그리고 이 녀석은 벌을 받는 중이니 데려가겠습니다."

피터는 다른 사람들이 입을 열 새도 없이 소피아의 손목을 힘껏 잡아끌었다. 멀뚱멀뚱 앉아 있던 소피아는 순식간에 피터의 손에 이끌려 나갔다.

피터가 소피아를 데려간 뒤 방 안에는 잠깐의 침묵이 흘렀다. 프리드리히가 그 침묵을 깨고 키득거렸다.

"크크크…… 아아, 너희들도 이만 가 봐라."

그렉과 지아, 한별은 쫓겨나듯 방에서 나갔다. 모두가 돌아간 뒤 혼자가 되자 그의 얼굴에서 웃음이 순식간에 지워졌다.

"이거 정말 의외로군. 피터의 평정을 깨는 아이가 있다니. 그나저나 정말 신기할 정도로 닮았군."

잠시 침묵을 지키던 그는 벽에 매달린 줄을 잡아당겼다. 맑은 방울소리가 나고 뒤이어 장교 복장을 한 부관 한 사람이 안으로 뛰어 들어왔다.

"전학생 중 소피아라는 아이가 있다. 뒷조사를 해 와. 완벽하고 철저하게."

그의 눈이 교활한 여우처럼 번뜩였다.

다시 피터의 방으로 돌아온 소피아는 한숨을 푹푹 내쉬었다. 피터의 화려한 방에는 소피아 혼자뿐이었다. 피터는 무슨 생각인지 자신을 이곳에 밀어 넣고는 급히 밖으로 나갔던 것이다.

한참이나 기다려도 피터는 돌아오지 않았다. 도서관으로 돌아갈까 잠깐 고민하던 소피아는 피터가 방을 나가며 으르렁거린 마지막 말을 떠올렸다.

'기다리고 있어. 도망가면 진짜로 쫓아내 버릴 거니까.'

"나더러 여기서 뭘 하라는 거야?"

소피아는 나직이 투덜거리며 방 안을 한 바퀴 돌았다. 매끄러운 광택을 뽐내는 벨벳 커튼과 앉으면 머리까지 푹 파묻힐 정도로 커다란 가죽 소파, 그리고 짙은 나무 향기를 뿜어내는 테이블과 그 위에 놓인 반짝이는 은주전자와 투명한 유리잔에 시선이 머물자 소피아는 다시 한 번 한숨을 내쉬었다. 벽난로 덕분에 훈훈한 방 안은 눈에 보이는 모든 것, 손에 닿는 모든 것이 고급스러웠다. 그렇지 못한 것은 자신뿐이었다.

"쳇, 돈이 많기는 하네."

소피아는 툴툴거렸다. 부럽기도 했고, 이런 사람이 뭐가 아쉬워 자신을 괴롭힐까 하는 푸념이 들기도 했다. 그런 소피아의 눈에 테이블의 살짝 열린 서랍 사이로 반짝이는 금줄이 보였다. 호기심에 그녀는 줄을 당겨 보았다.

그것은 손바닥 안에 쏙 들어올 정도로 작은 로켓 목걸이의 줄이었다. 아무 장식도 없이 금빛으로 둘러싸인 둥근 목걸이는 손때가 묻어 반짝반짝 윤이 났다.

내친김에 소피아는 로켓을 열어 보았다. 안쪽에는 각각 수염을 멋스럽게 기른 중년의 사내와 아름다운 중년 여인의 다정스러운 사진이 들어 있었다.

"지금 뭘 들고 있는 거지?"

그때, 등 뒤에서 피터의 낮고 메마른 목소리가 들렸다. 소피아는 화들짝 놀라 목걸이를 닫고 뒤돌아섰다.

"선배! 이, 이건 그러니까 우연히 발견한 건데요……."

하지만 피터는 소피아의 말을 듣고 있지 않았다. 그녀의 손에 들린 목걸이를 발견하는 순간 이미 그의 눈에서는 새파란 불꽃이 뿜어져 나왔다. 그는 성큼성큼 다가와 거칠게 그녀의 손에 들린 목걸이를 빼앗았다.

"안을 봤나?"

그가 으르렁거리듯 물었다. 소피아는 눈을 질끈 감고 고개를 끄덕였다.

"미안해요. 호기심에 그만……."

"듣기 싫어! 나가! 당장 내 방에서 나가란 말이야!"

피터는 소피아의 팔목을 거칠게 움켜잡았다. 그리고는 방 밖으로 내던지듯 떠밀었다.

쾅!

코앞에서 문이 닫히고서야 소피아는 비로소 자신이 피터의 상처를 건드렸다는 것을 깨달았다. 그래서 더더욱 소피아는 그대로 돌아설 수 없었다.

　가뜩이나 짧은 겨울의 해는 낮게 깔린 먹구름 때문에 더욱 일찍 서쪽 하늘 너머로 가라앉았다. 주변은 순식간에 어둠이 깔려 있었다.

　피터의 방문 밖에 서 있던 소피아는 어둠이 밀려오자 조심스럽게 피터의 방문을 두드렸다.

　"……."

　대꾸가 없었다. 소피아는 조금 더 기다리기로 마음먹고 문에 등을 기댄 채로 주저앉았다. 어둠 속에서 피터의 사나운 눈빛이 선연히 떠올랐다.

　쿵!

　묵직한 소리가 들려온 것은 바로 그때였다. 소피아는 조심스럽게 문을 두드려 보았다. 역시 대꾸는 없었다. 다시 한 번 조금 세게 두드려 보아도 결과는 마찬가지였다.

　소피아는 조심스레 문을 열고 안을 들여다보았다. 그러자 침대 옆 바닥에 쓰러진 피터가 보였다.

　"선배!"

　다급히 달려가 피터를 일으켜 세우려던 소피아는 다음 순간 인상을 찌푸렸다. 지독한 술 냄새 때문이었다.

　"으, 냄새. 무슨 술을 이렇게 많이 마셔요? 아니, 학생회장이면서 술을 먹어도 되는 거야? 그거 교칙위반이라고요."

　소피아는 낑낑거리며 피터를 일으켜 세우고는 가까스로 그를 침

대 위로 끌어올렸다. 그리고 나직이 한숨을 내쉬며 피터의 신발을 벗겨주고 목까지 잠근 단추를 몇 개 풀어 주었다.

"이러면서 매일 남의 꼬투리만 잡으러 다니고 말이야."

투덜거리는 소피아였지만 행여 피터가 깰까 무척 조심스러운 손길이었다. 그러던 어느 순간, 소피아의 손이 허공에서 멈추었다. 그리고 눈을 커다랗게 떴다. 벽난로의 희미한 불빛을 받은 피터의 눈가에 투명한 진주 같은 눈물 한 방울이 맺혀 있었기 때문이었다.

소피아는 못 볼 것이라도 본 듯 당황했다. 그렇게 그녀가 잠시 고민하는 사이 피터가 뒤척이며 등을 보이고 돌아누웠다. 악몽이라도 꾸는 듯 그는 나직한 신음을 흘렸다.

"제발 죽지 마……. 엄마……."

돌아누운 피터의 등이 가볍게 떨렸다.

소피아가 최대한 소리를 죽여 밖으로 나오자 그렉이 그녀를 기다리고 있었다.

"별일 없었어? 아까 큰소리가 나던데."

"술에 취해 잠들었어요."

그렉은 잠깐 눈을 크게 떴다가 말했다.

"잠깐 내 방에서 차 한 잔 할래? 바로 앞인데."

소피아는 잠깐 망설이다가 고개를 끄덕였다.

그렉의 방은 늘어놓은 옷들과 읽다가 대충 던져둔 책들, 도저히 정체를 알 수 없는 기계들과 실험도구들로 인해 원래의 화려함은 눈을 씻고 봐도 찾아볼 수가 없었다. 거기에 반쯤 먹다 남긴 케이크며 과일들로 퀴퀴한 냄새까지 났다.

소피아는 자신의 창고방보다 더 지저분한 방 안 풍경에 자신도 모르게 인상을 썼다.

"윽! 청소 좀 해요."

"하하하! 난 자유인이라고. 결벽증인 피터가 오히려 비정상이지. 홍차? 커피?"

그렉은 산처럼 쌓인 책과 옷들을 발로 무너뜨린 뒤 먼지 쌓인 바닥에 뒹굴던 주전자와 잔 두 개를 들며 물었다.

소피아는 찻잔 바닥에 눌어붙은 정체 모를 얼룩을 보며 그의 제안을 정중히 사양했다.

"이 겨울에 식중독에 걸리긴 싫어요."

그렉은 아쉽다는 듯 어깨를 으쓱했다. 그리고는 자못 심각한 얼굴로 말을 꺼냈다.

"피터가 저런 반응을 보이는 경우는 딱 한 가지지. 너, 그 목걸이를 봤지?"

소피아는 고개를 끄덕였다.

"역시. 초상화는 피터의 부모님이야. 지금은 돌아가셨지."

그렉의 말에 따르면 그것은 처참한 죽음이었다.

피터의 부모는 권력 다툼에서 졌다. 그리고 승자는 패자를 용서할 마음이 없었다. 피터의 부모는 자신을 죽이려는 이들의 손길을 피해 도망쳤다. 하지만 아무리 발버둥 쳐도 집요한 추격을 뿌리칠 수는 없어, 결국은 차가운 눈보라 속에서 굶주림과 추위에 지친 몸으로 죽음을 맞았다.

"그 처참한 죽음을 피터는 직접 목격했어."

"아아……."

소피아는 짧은 탄성을 질렀다.

"그래서 피터는 눈이라면 질색을 해. 겨울에는 한 발짝도 밖으로 나가지 않을 정도지."

"혹시 피터의 부모님이 돌아가신 곳이 러시아인가요?"

그렉은 잠시 어깨를 움찔했지만 이내 고개를 끄덕였다.

"맞아. 그래서 피터는 러시아라는 말만 들어도 진저리를 쳐. 리사가 아무리 매력적이라지만 피터가 눈길 한번 안 주는 이유도 그 애가 러시아 귀족이기 때문이야. 리사 녀석, 괜히 헛물켜고 있는 거지."

그렉은 그렇게 말하며 한쪽 눈을 찡긋했다.

"그런데 왜 저한테 이런 얘기까지 해 주죠?"

"글쎄? 피터 녀석이 처음으로 술에 취한 기념이랄까?"

"예?"

"그냥 그런 게 있어."

점점 모를 소리만 하는 그렉을 보며 소피아는 인상을 찡그렸다.

밤은 점점 더 깊어졌고, 바람은 높은 비명을 지르며 건물 벽을 긁어 대고 있었다.

"으윽……."

다음 날, 피터는 머리가 깨지는 두통을 느끼며 눈을 떴다. 눈을 뜨자마자 침대 머리에 걸터앉아 자신을 내려다보고 있는 그렉과 눈이 마주쳤다.

피터는 아직까지 팽팽 도는 머리를 감싸 쥐며 간신히 일어나 앉았다.

"으윽, 죽겠다. 넌 어떻게 이런 걸 매일 마시고 돌아다니냐?"

"그것도 먹다 보면 점점 나아져."

그렉은 씽긋 웃은 뒤 말했다.

"눈 떴으면 식당으로 가자. 방학식에는 참석해야지."

"너나 가. 난 아직도 속이 울렁거려."

그렉은 불쌍하다는 듯 피터의 어깨를 토닥이며 말했다.

"안됐다, 친구야. 프리드리히 전하의 전교생 호출이다."

식당 안은 온갖 맛있는 음식 냄새로 가득 차 있었다.

식당에 도착하는 순간부터 속이 울렁거리기 시작한 피터는 커피만 연달아 들이켰다. 커피는 마치 독약을 탄 듯 썼다.

"누가 저 아이들 식사 예절부터 가르쳐야겠군."

그때, 피터와 한 테이블에 앉은 프리드리히의 목소리가 들렸다. 그 목소리에 따라 피터는 프리드리히가 바라보는 방향으로 고개를 돌렸다. 그리고는 역시나 하는 얼굴로 한숨을 쉬었다. 그곳에는 전학생 3인방이 앉아 있었다.

완벽하고 우아한 식사 예절을 보이는 지아와는 달리 소피아와 한별은 큼직하게 썬 스테이크를 한입에 밀어 넣고, 빵은 아예 손으로 뜯어먹고 있었다.

"흠흠, 한별은 둘째 치더라도 소피아는 숙녀가 되어 가지고 저러면 안 되지. 학교의 품위와 가문의 위신을 깎아먹는 거야."

"그런 거라면 제가……."

"이런 건 회장이 하는 일이지, 아마?"

그렉의 말에 앞서 프리드리히는 피터를 빤히 바라보았다. 순간 피터의 얼굴은 와락 일그러졌다. 하지만 프리드리히는 내친김에 한마디를 덧붙였다.

"그리고 가르치는 김에 춤이며 교양 같은 것도 좀 알려 줘. 저래 가지고 어디 부활절 무도회에 내보내겠나."

피터는 깜짝 놀란 듯 소리쳤다.

"쟤를 부활절 무도회에 내보내신다고요?"

순간 식당 안이 조용해졌다.

소피아와 한별, 지아는 멀뚱히 눈을 깜빡였다. 하지만 다른 학생들은 충격을 받은 듯 분노한, 혹은 질투 어린 눈길로 세 사람을 쏘아보았다. 그 많은 학생 가운데 격앙된 얼굴의 리사도 끼어 있었다.

부활절 무도회는 베를린 아카데미에서 열리는 많은 행사들 중 가장 규모가 큰 무도회로, 베를린뿐만 아니라 유럽 각국의 공주와 왕자, 이름난 귀족들도 다수 참가했다. 여학생들은 멋진 신랑감을 찾을 기회로 여겼고, 남학생들은 명망 높은 귀족들과 안면을 익힐 좋은 기회였다.

하지만 전교생 모두가 그런 기회를 가질 수는 없었다. 무도회에 참석하기 위해서는 일 년 내내 성실함을 보여 교수들의 추천을 받거나 무도회 개최자인 프리드리히의 초대를 받아야만 했다. 이렇게 초대되는 학생은 전교생의 반도 되지 않았다.

여기에 속하지 못한 여학생들은 피터와 그렉에게 기대를 걸었다.

학생회장인 피터나 부회장인 그렉은 각각 파트너를 동반할 수 있었기 때문이었다. 하지만 입학 후 지금까지 두 사람은 그 권리를 한 번도 사용하지 않고 있었다.

그렇듯 대단한 무도회였지만 프리드리히는 태연히 고개를 끄덕였다.

"너희는 잘 모르지만 이번에 내가 슐레지엔을 수월히 손에 넣을 수 있었던 것도 다 저 아이들 덕분이거든. 그 보답은 해야지."

프리드리히는 거기까지 말한 뒤 씩 웃었다.

"지아는 특별히 뭘 준비하지 않아도 되겠으니 피터 네가 방학 내내 소피아를 쓸 만하게 만들어 놔. 만약 거기서도 저렇게 학교 망신을 주면 너도 함께 보따리를 싸게 될 거야."

소피아와 피터의 얼굴이 동시에 굳어졌다.

"그런……."

프리드리히가 이번에는 고개를 그렉 쪽으로 돌렸다.

"당연히 너도 놀 생각하지 말고 한별을 가르쳐야겠지?"

"에에?! 안 돼요. 한별이 쟤, 완전 원시인이라고요!"

그렉이 절망적으로 소리쳤다.

"말도 안 돼……."

분노로 몸을 떨며 리사는 소피아를 죽일 듯 노려보았다. 처음 보는 리사의 표독스러움에 주변 학생들은 흠칫 놀랐다. 하지만 리사는 그런 시선은 관심도 없다는 듯 그저 소피아를 노려볼 뿐이었다.

"나도 겨우겨우 참석하는 파티에 저 촌뜨기가 참석한다고? 그것도 피터가 직접 가르쳐서?"

리사가 오래전부터 열렬히 피터에게 구애를 하고 있다는 사실은 모르는 사람이 없을 정도로 유명했다.

지아의 시선은 소피아의 옆에 앉은 한별에게 집중되었다. 며칠 전부터 한별은 자신을 단 한 번도 쳐다보지 않고 있었다. 지아는 괜히 화가 났다.

그렇게 수많은 학생들에게 둘러싸인 두 소녀는 각각의 외로움에 빠져 있었다.

식사가 끝남과 동시에 방학이 시작되었다.

학생들은 이 순간만을 기다렸다는 듯 잽싸게 커다란 가방을 들고 마차에 올라탔다. 평소에는 완강히 닫혀 있던 학교의 철문은 이날만큼은 활짝 열렸다. 그리고 그 열린 문틈으로 학생들을 태운 수많은 마차들이 끊임없이 내달렸다.

하지만 방학을 맞았음에도 옴짝달싹 학교에 남아 있어야 하는 이들도 있었다. 딱히 갈 곳이 없는 지아와 한별이 그랬고, 방학 기간에도 도서관에서 일을 하며 돈을 벌어야 하는 소피아가 그랬다. 졸지에 소피아와 한별의 과외교사로 낙점된 피터와 그렉 역시 울상을 지으며 학교를 벗어나는 마차들을 바라만 봐야 했다.

"장갑 껴라, 장갑! 칠칠맞게 부채는 또 어디다 흘리고 다니는 거야?"

"으윽……! 너 왈츠 가르치다가 밟혀 죽겠다. 진짜 일부러 그런 거 아니야?"

피터는 방학이 되자마자 새벽부터 밤늦게까지 식상 예절이며 교양, 춤 등을 가르친다는 명목 아래 소피아를 들들 볶았다.

"하루라도 빨리 가르쳐야 그 딱딱한 머리로 뭐라도 하나 더 기억할 거 아니야? 그 무도회에서 망신만 당해 봐. 퇴학보다 더한 고통이 기다리고 있을 테니까."

학교라면 끔찍하게 생각하는 피터는 날이면 날마다 무시무시한 얼굴로 소피아를 볼 때마다 으르렁거렸다. 학교 안은 그의 고함으로 조용할 날이 없었다.

덕분에 소피아는 방학 전보다 더욱 바쁜 나날을 보냈다. 오전에는 온갖 예절 교육을 배우고 오후에는 춤을 배워야만 했다. 춤추는 것이 처음인 소피아에게 그것은 중노동이었다. 처음 며칠간은 팔다리가 끊어질 듯 아프고, 허리는 잘 펴지지도 않았다.

게다가 사서를 도와 학기 중에 망가진 책들을 방학 때 손봐야 했다. 부모님의 생활비를 벌어야 하는 소피아로서는 그 돈이 반드시 필요했다. 힘든 하루 일과를 끝낸 소피아는 침침한 등불이 켜진 도서관에서 밤새 책을 묶고, 찢어진 책장을 붙였다.

한편 그렉과 한별도 만만치 않은 시간을 보내고 있었다.

"이 멍청아, 샐러드 포크로 왜 고기를 찍어? 이게 삼지창이야?"

"아윽! 복잡해 죽겠네. 포크면 다 같은 포크지 뭘 나누고 그래요?"

"가재 껍질은 이가 아니라 망치로 깨니까! 그리고 멀쩡한 포크 놔두고 왜 손으로 먹어?"

"어허, 선배가 뭘 모르네. 닭다리는 이렇게 뜯어야 제맛이라고. 다 먹고 손 씻으면 되잖아."

"널 가르치기 전에 내가 먼저 죽겠다. 뭔가 특단의 조치가 필요해."

머리카락을 쥐어뜯으며 절규하는 그렉의 머릿속에 문득 한 사람의 얼굴이 떠올랐다. 피터가 소피아를 가르치고 자신이 한별과 씨름하는 동안 천하태평 여유만만한 나날을 보내고 있는 지아의 얼굴이었다.

다음 순간 그렉은 화가 잔뜩 난 얼굴로 벌떡 일어섰다.

"그러고 보니 그 녀석, 하늘 같은 선배들을 고생시키고 자기만 쏙 빠졌잖아? 그런 꼴은 못 보지!"

"왜 저래?"

한별은 머리를 쥐어뜯다가 후다닥 식당 밖으로 뛰어나가는 그렉을 이상하다는 듯 바라보았다. 하지만 그 의아함이 당혹스러움으로 바뀌는 데는 그다지 오랜 시간이 걸리지 않았다. 그렉이 의기양양한 얼굴로 지아를 끌고 돌아온 것이다.

"어?"

한별이 당황한 만큼 지아도 어색한 표정을 지었다.

하지만 그렉은 둘 사이의 사정 따위는 내 알 바 아니라는 듯 지아를 한별의 앞에 억지로 앉혔다.

"으흐흐! 강한별, 오늘부터 널 가르칠 특별 초빙 과외교사다. 잘 보고 지아가 하는 대로 따라 해."

"에? 그런 게 어디 있어요?"

한별은 깜짝 놀라 길길이 날뛰었다. 하지만 그렉도 만만치 않게 무시무시한 표정으로 이를 갈았다.

"인마, 네가 말만 잘 들었으면 내가 이렇게까지 했겠냐? 아무튼 난 더 이상 못 해먹겠으니까 둘이서 무도회를 볶아 먹든 끓여 먹든 알아서 해."

그렉은 그렇게 말하고는 도망치듯 식당을 빠져나갔다.

둘만 남게 되자 지아와 한별 사이에 잠시 무거운 침묵이 흘렀다.

지아는 맞은편에 거북한 표정으로 앉은 한별을 슬쩍 건네다 보았다. 대화가 끊어진 몇 달 동안 한별은 조금 변한 것 같았다.

가장 먼저 눈에 띄는 변화는 머리카락이었다. 제법 길어진 머리카락은 어깨를 조금 덮고 있었다. 지금도 한별은 계속 흘러내리는 앞머리가 귀찮은지 연신 손으로 계속 쓸어 넘기고 있었다. 키도 조금은 더 자란 것 같았다.

그때, 시선을 의식한 듯 한별이 고개를 들었다. 그와 눈이 마주치자 지아는 헛기침을 하며 시선을 식탁 위로 돌렸다. 그리고는 기막히다는 듯한 표정을 지었다.

"어린 애들도 그렇게까지 흘리면서 먹지는 않겠다."

"누군 흘리고 싶어서 흘렸냐? 그렉 그 바보 같은 선배가 달팽이니 바닷가재니 하는 이상한 요리만 주니까 그렇지."

한별이 발끈해서 말했다. 하지만 화를 내는 그의 얼굴도 조금은 창피한지 붉게 변했다.

"그것들도 다 깔끔하고 우아하게 먹는 방법이 있다고. 어쩔 수 없지. 내가 가르쳐 줄게."

지아는 다시 한 번 한숨을 내쉬며 큰 선심이라도 쓰듯 말했다.

"흥! 필요 없거든?"

한별은 그런 지아의 말투가 싫다는 듯 벌떡 일어섰다. 하지만 이어지는 지아의 말에 차마 자리를 박차고 떠나지는 못했다.

"싫으면 말고. 하지만 무도회에서도 이런 모습을 보이면 너만 쫓겨나는 걸로 끝나지 않을걸? 모르긴 몰라도 소피아도 함께 쫓겨날 테지."

한별은 잔뜩 일그러진 얼굴로 털썩 앉았다. 그리고는 땅이 꺼져라 한숨을 내쉬었다.

지아는 오랜만에 보는 한별의 그런 모습에 참지 못하고 킥, 웃고 말았다. 그것을 조롱 내지는 비웃음으로 받아들인 한별의 얼굴은 아예 새빨간 고구마처럼 익어 버렸다.

"야! 너, 너야 늘 이런 걸 먹어 왔잖아. 이건 불공평하다고."

"그럼 공평하게 하면 되지. 네가 나에게 테이블 매너를 배우면 나도 네가 잘 하는 걸 하나 배울게."

지아의 뜻밖의 제안에 한별은 눈을 깜빡였다.

"정말이야?"

"당연하지. 내가 언제 거짓말하는 거 봤어?"

지아의 대답에 한별은 몇 번 더 눈을 깜빡이다가 무슨 좋은 생각이라도 떠올랐는지 씩 웃었다.

"좋아! 까짓것 배워 준다. 그 대신 너도 약속 꼭 지켜야 해."

그날부터 한별은 온갖 기이한 식재료와 식기구에 맞서 필사의 싸움을 벌였다. 둘 사이에 오간 대화를 전해 들은 그렉은 귀찮지도 않은지 날마다 먹기 힘든 요리들을 용케도 구해 왔다.

"으으…… 이 꽃게 녀석이 사람 약 올리나. 뭐가 이리 안 까져?"

"어허! 손이 올라온다. 집게와 포크만 쓰라니까! 안 그럼 오늘 밥 없어."

"대합, 너까지 날 배신하기냐?"

"대합이 아니라 가리비거든? 도대체 몇 번을 말하니?"

지아는 식사 시간마다 땀을 뻘뻘 흘리는 한별을 보며 웃음을 꾹꾹 눌러 참았고, 한별은 어디 두고 보자는 듯 그런 지아를 노려보았다.

"축구?"

눈 덮인 정원 한가운데서 지아는 눈을 동그랗게 뜨고 물었다. 어려운 테이블 매너를 어설프게나마 힘겹게 익힌 한별이 가르치기로 결정한 것이 축구였다.

"하지만 축구공이 없잖아? 게다가 옷도……."

지아는 드레스 차림에 구두를 가리키며 곤란한 얼굴로 말했다.

"짜잔~ 지성이면 감축이라는 말도 있잖냐."

한별은 씩 웃으며 등 뒤에 숨겨 놓았던 것을 꺼냈다. 가죽으로 얼기설기 꿰맨 뒤, 짚으로 속을 채운 공과 비슷한 것이었다.

"일부러 그걸 만든 거야? 그리고 지성이면 감축이 아니라 감천이야, 감천."

"어쨌든! 넌 나한테 축구를 배워야 한다 이거지."

구박을 받으면서도 한별은 축구를 가르치며 지아를 골탕 먹일 생각으로 히죽히죽 웃어 댔다.

'흐흐흐! 한지아, 지금까지 잘도 날 무시했겠다? 오늘 이 축구천재 강한별님의 진가를 보여 주마.'

한별은 줄곧 방 안에만 틀어박혀 있던 지아가 운동을 못할 거라고 생각했다. 하지만 그의 생각과는 다르게 어렸을 때부터 스키나

펜싱 등 고급 스포츠를 배워 온 지아는 운동신경이 좋은 편이었다. 그리고 그것은 금세 증명이 되었다.

"공을 이렇게 차면 회전하는구나. 흠……. 삼각함수랑 비슷한데?"

온갖 폼을 잡으며 보인 회심의 슛을 그대로 따라하며 중얼거리는 지아의 혼잣말에 한별은 멍한 얼굴이 되었다.

지아는 드리블도 순식간에 배워 따라 했다. 심지어 드레스를 입은 채로 말이다.

해가 질 무렵, 한별이 시무룩한 얼굴로 말했다.

"그만하자. 내가 졌다. 넌 도대체 못하는 게 뭐냐?"

"춤?"

다음으로 한별이 배워야 할 것은 춤이었다. 웬일인지 한별은 춤이라는 말에 반색을 했다.

천방지축 망아지 한별에게 어떻게 사교댄스를 가르치나 걱정을 하던 그렉과 지아는 의외라는 듯 고개를 갸웃거렸다.

"격식 차리는 게 아니라 몸 쓰는 거라면 내 전문이지. 어서 시범이나 보여 줘. 한 번만 보면 그대로 따라 할 자신 있으니까."

한별은 자신만만하다는 얼굴로 말했다. 이에 그렉과 지아는 반신반의하는 얼굴로 마주 서서 왈츠를 추기 시작했다.

지아와 그렉이 춤을 추기 시작하자 한별은 눈을 휘둥그렇게 떴다. 서로 닿을 듯 가까이 선 것도 모자라 그렉의 손이 지아의 허리를 껴안듯 감싸 안았기 때문이었다. 지아도 그것이 당연하다는 듯 태연히 그렉의 어깨에 양손을 올리기까지 했다.

"자, 잠깐만! 그만!"

둘이 댄스홀을 한 바퀴 돌기도 전에 한별은 더 이상 참지 못하고 큰소리를 지르며 둘 사이로 끼어들었다.

"왜?"

지아가 물었다. 한별은 오만 인상을 찌푸리며 화를 냈다.

"몰라서 물어? 무슨 춤이 이래? 딱 달라붙어서……. 보는 내가 다 민망하네."

"왈츠가 다 이렇지. 너 사교춤 처음 보냐?"

"그건 아니지만……."

지아의 구박에 한별은 말끝을 흐렸다. 그러고 보니 얼마 전 소피아와 피터의 춤은 아무렇지도 않게 보아 넘길 수가 있었다. 유독 눈에 거슬리는 것은 지아뿐이었다.

더 정확히는 지아의 상대가 자신이 아니라는 사실을 참을 수 없었지만 그것까지 인식하지는 못하는 한별이었다.

여자 친구 많기로 소문이 자자한 그렉은 한눈에 한별의 심리를 꿰뚫어 보았다. 그렉은 피식피식 웃으며 순순히 지아의 손을 놓았다.

"워~ 난 이쯤에서 빠질래. 남자의 질투는 무서우니까."

그렉이 피아노 앞으로 냉큼 물러나자 지아는 어쩔 수 없이 한별과 마주 섰다.

한별이 가까이 다가서고, 조금 전 그렉이 그랬던 것처럼 자신의 허리에 손을 올리자 지아의 얼굴이 슬쩍 붉어졌다. 한별도 쑥스러운 듯 헛기침을 하며 시선을 허공에 던졌다.

하지만 설레는 순간은 아주 잠깐이었다. 그렉이 경쾌한 피아노

반주를 시작하자마자 지아가 발등을 움켜잡으며 그대로 쓰러지고 말았던 것이다.

"끄악! 강한별……. 이 바보 멍청이! 뭐가 운동천재야?"

"으아아! 미, 미안해. 많이 아파?"

"시끄러워. 의사나 불러와!"

한별에게 있는 힘껏 발등을 밟힌 지아가 댄스홀이 떠나가라 소리를 질렀다.

"뼈에 금이 갔어. 쯧쯧……. 조심하지 않고."

의사는 지아의 발을 이리저리 만져본 뒤 말했다. 그리고 두툼한 붕대로 지아의 발을 완전히 감았다.

"미안해."

한별은 울상이 되어 말했다. 그와 나란히 선 그렉은 그보다 더 절망적인 얼굴로 중얼거렸다.

"안 돼! 네가 다치면 내가 다시 저 녀석을 가르쳐야 한단 말이야. 다른 것도 아니고 춤을."

안타깝게도 지아의 발은 방학이 끝날 때까지 나을 기미가 보이지 않았다. 그렉은 우울한 얼굴로 말했다.

"방학 내내 저 원시인 녀석을 껴안고 춤을 춰야 하는 거야?"

"안됐네요."

지아는 진심으로 위로했다.

반면 한별은 썩 나쁘지 않은 기분이었다. 지아를 다치게 한 것은 미안했고, 지아와 다시 춤을 출 수 없다는 사실도 안타까웠지만, 지아가 그렉과 춤을 추지 못하게 되었다는 것만으로도 위안이 되었다.
"선배, 왈츠 계속하실까요? 물론 선배가 여자 파트너 역할이죠."
한별의 말에 그렉은 내일 당장 세상이 망할 것처럼 한숨을 쉬었다.

모두들 눈코 뜰 새 없이 바쁜 어느 새벽, 소피아는 살금살금 발소리를 죽여 학교를 빠져나왔다. 부모님을 만나기 위해서였다. 그녀의 주머니에는 전날 사서로부터 받은 몇 개의 동전이 들어 있었다.
하지만 그렇게 찾아간 여관방에서 정작 그녀를 기다리고 있는 사람은 부모님이 아닌 피터였다. 그는 금방이라도 부서질 듯 삐거덕거리는 낡은 의자에 긴 다리를 꼬고 앉아 있었다.
"너희 부모님도 대단하다. 어떻게 귀족이라면서 이런 방에서 지냈을까? 하긴 딸은 학교에서 일하면서 장사판을 벌이는데 오죽하겠어?"
"왜 선배가 여기 있는 거죠? 우리 부모님은 어디로 가셨어요?"
대답 대신 피터는 삐걱거리는 소리가 재미있는지 몸을 이리저리 움직이며 말했다.
"재밌기는 하지만 귀족이 살 만한 방은 아니네. 벌레도 있고. 아, 너도 봤어야 하는데. 쥐만 한 바퀴벌레가 있다고."
"선배! 우리 부모님 어떻게 했냐고요?"
참다못해 소피아가 소리를 빽 질렀다.
"같은 귀족으로서 이런 궁상은 도저히 봐줄 수가 없어서 별장으로 모셨다."
"예에? 선배가 왜 우리 부모님을?"
피터는 쑥스러운 듯 퉁명스럽게 말했다.

"오해는 하지 마. 네가 이따위 방값을 버느라고 내 수업을 못 따라오니까 그런 거야. 앞으론 돈 필요 없으니까 당장 그 도서관 조수 자리 때려치우고."

"하지만 사서 아줌마가 무척 바쁜데……."

"너 거울 좀 봐라. 잠도 못 자서 눈이 빨갛잖아."

뜻밖에 피터는 소피아의 건강을 걱정해 주었다. 얼떨결에 소피아가 말했다.

"고, 고마워요."

"고맙긴. 무도회에서 망신당하면 나까지 쫓겨날까 봐 그런 거야."

피터는 짜증스럽게 말하고는 벌떡 일어섰다. 그리고는 성큼성큼 걸어 소피아를 스쳐 지나듯 방을 나갔다.

소피아는 멍한 얼굴로 눈을 깜빡였다. 방금 전 스쳐 지난 피터의 얼굴이 약간 붉어진 것처럼 보였기 때문이었다.

하지만 이내 고개를 저으며 중얼거렸다.

"에이, 설마. 착각이겠지."

"야! 안 나와? 확 버리고 간다?"

밖에서 피터의 짜증 섞인 고함이 들렸다.

"가, 가요. 지금 가요."

밖으로 달려 나가며 소피아는 환하게 웃었다.

드디어 길고 긴 겨울이 끝나고 봄이 시작되는 3월이 돌아왔다. 정원 한가득 두껍게 쌓였던 눈은 흔적도 없이 사라지고, 노란 봄꽃이 아직은 차가운 대지를 뚫고 필 무렵이 되자 학생들이 하나둘 돌아왔다. 드디어 방학이 끝나고 새 학기가 시작된 것이다.

학생들은 소피아를 보며 고개를 갸웃거렸다. 어딘가 묘하게 달라진 분위기 때문이었다. 여전히 낡은 드레스와 다 헤진 구두를 신고 있었지만 전처럼 함부로 놀려댈 수가 없었다.

"어딘지 모르게 기품이 생겼다고나 할까?"

하지만 방학 내내 피터와 학교에 남아 있었다는 이야기를 들은 여학생들은 전보다 더욱 맹렬한 질투심을 불태웠다. 그 중 가장 강렬한 적개심을 보인 사람은 역시 리사였다.

그런 리사의 질투심에 불을 붙인 것은 프리드리히였다. 예전과 조금씩 달라진 소피아를 흡족하듯 바라보다가 그녀를 피터의 무도회 파트너로 지목한 것이다.

"전하의 말씀, 당연히 농담이겠지?"

정원을 가로질러 학교로 돌아오며 그렉이 아연실색한 얼굴로 말했다. 하지만 그와 나란히 걷는 피터는 오히려 태연했다.

"안될 것도 없잖아. 소피아도 엄연히 우리 학교 학생이니까."

"그 파티가 얼마나 중요한지 너도 잘 알잖아? 유럽에서 한다하는 귀족들이 죄다 모여든단 말이야. 그 중에 반은 너를 보러 오는 것과 마찬가지야. 그런 자리에 저런 얼뜨기 땅꼬마의 손을 잡고 가겠다고? 너 미쳤니?"

그렉의 심각한 말투에 피터는 장난스럽게 어깨를 으쓱하며 씽긋 웃었다.

"이제 너랑 나란히 파티에 참석하는 건 질렸거든."

"으윽! 지금까지 눈만 찡긋해도 줄을 서는 여자 친구들을 내팽개

치고 불쌍한 인생 구해 주느라 함께 가 줬더니 이제 와서 뭐가 어째? 난 뭐 너랑 가고 싶었는지 알아?"

그렉이 억울하다는 듯 툴툴거리자 피터는 크게 소리 내어 웃었다. 봄기운 가득한 정원에 무척이나 어울리는 웃음소리였다.

"피터 선배의 파트너라고?"

피터와 그렉이 정원을 완전히 벗어나자 커다란 바위 뒤에 몸을 숨기고 있던 리사가 걸어 나오며 중얼거렸다.

어렵사리 부활절 무도회에 참석할 자격을 따낸 그녀의 머릿속에는 딱 한 가지 생각뿐이었다. 바로 피터의 파트너가 되는 것. 그래서 먼발치에서 피터를 발견하고는 한걸음에 달려온 것이다. 하지만 그렉과 피터의 대화를 엿듣는 순간 그런 생각은 한순간에 사라져 버렸다. 지금 리사를 사로잡고 있는 것은 소피아에 대한 강렬한 질투뿐이었다.

"용서 못 해!"

리사는 온몸으로 그녀의 붉은 머리만큼이나 뜨거운 질투의 불길을 뿜었다.

그날 밤, 지아는 책을 읽다가 문득 불어온 소슬한 바람에 옷깃을 여몄다. 힐끗 창밖을 보니 환한 보름달이 머리 위까지 떠오른 늦은 시간이었다.

"번잡한 파티는 딱 질색인데……."

무도회를 떠올린 것만으로도 지아는 골치가 아팠다. 하지만 프리드리히가 직접 초대했기 때문에 빠질 수가 없었다.

다음 순간 지아는 책을 덮었다. 그제야 자신도 파트너가 필요하다는 사실이 떠올랐기 때문이었다. 그리고 한별도 그것은 마찬가지일 것이다.

"한별이는 소피아와 함께 가려나?"

그럴 가능성이 컸다. 하지만 잠시 망설이던 지아는 자리에서 일어나며 외투를 집어 들었다. 그리고는 리사의 빈 침대를 보며 스스로에게 핑계를 대듯 중얼거렸다.

"리사도 슬슬 찾아봐야 하니까."

그 시간, 리사는 소피아와 함께 정원의 연못가에 서 있었다. 프리드리히가 어머니를 위해 프랑스의 유명한 베르사유 궁의 정원을 본떠 만든 이 정원은 키 낮은 관목림의 미로와 웅장한 청동 조각상들이 곳곳에 세워진, 유럽에서 가장 아름다운 정원 중 하나였다. 하지만 달마저 짙은 구름에 가려져 새까만 어둠이 내려앉은 지금은 을씨년스럽기 짝이 없었다.

연못은 정원의 한가운데 자리해 있었다. 연못 주변에 서 있는 아름드리 고목들은 조그만 바람에도 앙상한 잔가지들을 파르르 떨었고, 썩은 나뭇가지 등의 부유물이 둥둥 떠 있는 연못은 바람이 불 때마다 잔물결을 일으키며 불길하게 출렁거렸다.

소피아는 자의로 이곳에 서 있는 것이 아니었다. 막무가내로 리사에게 끌려 이곳까지 온 것이다.

"할 말이 있으면 내일 해."

화가 나 돌아서려는 소피아를 리사가 막아섰다. 질투로 표독스럽게 치켜뜬 그녀의 눈에서 평소의 조신하고 얌전한 숙녀의 모습은 찾아볼 수 없었다.

리사는 소피아를 잡아먹을 듯이 몰아붙이며 말했다.

"감히 주제도 모르고 피터 선배에게 꼬리를 쳤겠다?"

하지만 무슨 영문인지 전혀 모르는 소피아는 눈살을 찌푸렸다.

"무슨 소리를 하는 거야? 꼬리라니?"

"모른 척 하지 마! 내일 피터 선배의 파트너가 너라며? 도대체 방학 동안 피터 선배에게 무슨 짓을 한 거야?"

짜악!

리사가 소피아의 뺨을 후려치며 절규하듯 악을 썼다.

소피아는 한순간 벌겋게 달아오른 뺨을 감싸 쥐며 얼떨떨한 표정으로 말했다.

"내가 피터의 파트너라니? 너야말로 무슨 소리야?"

"무슨 수를 썼는지 모르지만 오늘로 그것도 끝이야. 다시는 피터 선배의 앞에 나서지 못하게 해 주겠어."

아무 것도 모르는 얼굴을 하고 있는 소피아를 향한 리사의 눈빛은 활활 뜨겁다 못해 서늘하게 가라앉아 있었다. 그녀는 소피아가 놀랄 틈도 없이 팔을 뻗어 소피아를 뒤로 힘껏 떠밀었다. 그곳에는 깊고 깊은 연못이 시커먼 입을 쩍 벌리고 있었다.

놀란 소피아는 다급히 리사의 팔을 잡았다. 그런 소피아의 손에 리사의 반짝이는 보석 팔찌가 잡혔다.

"사라져 버려."

사랑의 시작

리사는 매정하게 소피아의 손을 뿌리쳤다.
"꺄아악!"
첨벙!
소피아는 끝내 찢어질 듯한 비명과 함께 깊고 어두운 연못으로 빠져 들었다. 요란한 물소리와 함께 연못 수면 위로 커다란 물기둥이 생겨났다.

음모의 실체가 드러나다

지아가 한별과 마주친 곳은 기숙사와 도서관의 중간쯤이었다. 하지만 한별은 지아를 보았음에도 아무 말도 하지 않은 채 그냥 지나치려 했다.

"어딜 가는 거야?"

지아가 먼저 말을 걸었다. 그제야 한별은 걸음을 멈추었다.

"소피아가 보이지 않아서 찾아보는 중이야."

한별은 짧게 대답하고는 또다시 돌아서려 했다.

"난…… 리사를 찾고 있어. 잘 시간이 지났는데도 안 보여서."

지아는 누가 물어본 것도 아닌데 다급히 말했다. 지아의 말에 한별의 눈썹이 위로 치켜 올라갔다.

"네가 언제부터 그렇게 다정해졌는지 모르겠다. 아니면 엄청 예쁘고 돈 많은 귀족 친구가 생기면 다 그렇게 변하는 건가?"

한별의 빈정거림에 화가 난 지아의 목소리가 조금 높아졌다.

"그런 거 아니야."

"그럼 뭔데? 이제까지 넌 한 번도 나를 그렇게 걱정해 준 적 없잖아."

"그, 그야 넌 언제나 내 곁에 있었으니까……."

지아의 말끝이 흐려졌다. 그리고 동시에 깨달았다. 왜 친구들에게 둘러싸여 있어도 그토록 외로웠는지. 언제나 그림자처럼 붙어 다니던 한별이 없었기 때문이었다.

지아와는 반대로 한별의 반응은 차갑기만 했다.

"아, 그건 미안해. 그동안 네가 날 창피하게 생각하는 줄 몰랐거든. 이제 다시는 그런 일 없을 거다."

한별은 그 말을 끝으로 등을 돌려 버렸다.

화가 난 것도, 예전처럼 비웃음도 없는 그의 냉정한 태도에 지아는 마치 버림받은 듯 비참한 기분이 들었다. 그래서 자기도 모르게 빽, 소리치고 말았다.

"이 바보 멍청아! 그런 거 아니란 말이야!"

한밤중의 조용한 기숙사 복도에서 터진 지아의 고함에 좌우의 방문이 벌컥 열렸다. 그리고는 잠에서 깬 학생들이 불만 가득한 얼굴로 툴툴거렸다.

"누구야?"

"시끄러! 잠 좀 자자!"

"왜 남자 기숙사에까지 와서 난리를 피우는 거야? 방으로 돌아가!"

그 중에는 피터와 그렉도 끼어 있었다. 둘 다 단잠을 방해받아 잔뜩 인상을 쓴 얼굴이었다.

"꺄아악!"

멀리서 날카로운 비명이 들려온 것은 바로 그 순간이었다. 피터와 그렉, 그리고 지아와 한별의 얼굴이 한순간 창백하게 변했다.

"소피아!"

"정원 쪽이야!"

네 사람은 일제히 달리기 시작했다.

이른 봄의, 더구나 밤의 연못물은 심장을 통째로 얼릴 정도로 차가웠다. 소피아는 한 치 앞도 보이지 않는 탁한 물 가운데서 필사적으로 몸부림쳤다. 하지만 이미 굳어 버린 팔다리는 생각대로 움직여 주지 않았다. 소피아는 더 이상 숨을 참지 못하고 입을 벌렸다.

탁한 물이 그녀의 입을 통해 폐로 쏟아져 들어왔다.

'피터……'

희미해지는 의식 속에서 그녀는 한 사람의 이름을 부르고 또 불렀다.

"소피아!"

피터의 고함이 어두운 정원에 메아리쳤다. 한별과 그렉, 그리고 잠결에 뛰어나온 학생들도 손에 등잔불을 든 채 열심히 소피아의 이름을 불렀다.

그러던 어느 순간, 지아의 눈이 반짝였다. 연못가에 떨어진 무언가가 달빛에 반사되어 반짝였기 때문이었다. 급히 몸을 굽혀 집어 든 그것은 지아도 익히 아는 물건이었다.

'이건……!'

그것은 리사가 가장 아끼며 항상 지니고 있던 팔찌였다. 지아의 표정이 의아함에서 경악, 그리고 불안함으로 시시각각 변했다. 소피아를 질투하던 리사의 텅 빈 침대와 소피아의 비명이 한점으로 모아지자 지아는 벌떡 일어났다.

"소피아! 소피아!"

사방을 돌아보며 지아는 미친 듯 소피아의 이름을 불렀다. 그런 지아의 눈에 연못 위로 떠오른 낡은 천 조각이 보였다.

다음 순간, 지아의 입에서 소피아라는 이름 대신 날카로운 비명이 터져 나왔다.

"꺄아악!"

피터는 지아의 비명이 들리자마자 바람처럼 달려왔다. 그의 눈에도 지아가 보고 있는 옷자락이 보였다. 그는 그대로 시커먼 연못 속으로 뛰어들었다.

"피터!"

뒤늦게 그렉이 달려오며 고함을 질렀다.

피터는 오랫동안 나올 생각을 하지 않았다. 그렉은 몇 번이나 물로 뛰어들려 했지만 그때마다 다른 학생들이 그를 꽉 껴안고 말렸다.

"이 바보야, 너 수영 못하잖아?"

"놔! 놓으라고! 으아아악!"

그렉이 울음 같은 고함을 토해 냈다.

한참 만에 가까스로 물 밖으로 걸어 나오는 피터의 품에는 시체처럼 축 늘어진 소피아가 안겨 있었다. 그는 물 밖으로 나오자마자 소피아의 뺨을 가볍게 때리며 소리쳤다.

"소피아! 소피아! 눈 떠! 뜨라고!"

소피아는 미동도 하지 않았다. 하지만 피터가 한참이나 흔들자 쿨럭하며 더러운 물을 한 바가지나 토해 냈다.

"나…… 죽은 거예요?"

눈을 뜨자마자 내뱉은 소피아의 첫마디에 피터는 긴장이 풀린 듯 바닥에 털썩 주저앉았다.

"천국에 가려면 나중에 가도록 해. 내일 파트너도 없이 무도회에 가고 싶지는 않으니까."

피터의 말에 소피아의 창백한 얼굴이 조금 붉어졌다. 자신이 피터의 파트너라는 리사의 말은 사실이었다. 죽음의 문턱에서 빠져나와 놀랄 틈도 없이 기쁨이 먼저 밀려들었다.

"하지만 난 옷도 없다고요. 보다시피 유일한 드레스도 이렇게 망가져 버렸고."

피터는 소피아의 이마를 가볍게 때려준 뒤 그녀를 번쩍 안아 들었다.

"인마, 죽다 살아나서 그게 할 소리야? 그런 걱정은 접어 두고 잠이나 푹 자. 내일 파티에 감기로 비틀거리는 파트너를 끌고 다닐 생각은 없으니까."

피터의 뒷모습을 보며 연못가에 있던 모든 사람들이 눈을 깜빡였다.

"지금 피터 선배가 뭐라고 한 거냐?"

"파트너래."

"그보다…… 저 더러운 물에 피터가 들어간 게 맞아? 내가 잘못

본 게 아니지?"

"저 녀석, 결벽증 있던 거 아니었어?"

"아닌가 봐."

학생들은 충격을 먹은 얼굴로 하나둘 자리를 떠났다. 그렉과 한별도 그들과 함께 기숙사로 돌아갔다.

하지만 지아만은 그 자리에 못 박힌 듯 연못가에 우뚝 서 있었다. 손에 들린 팔찌의 보석이 마치 독을 품은 장미 가시처럼 손바닥을 찔러 왔다.

바스락.

바로 그때 등 뒤에서 나뭇가지 부러지는 소리와 함께 누군가의 인기척이 났다. 천천히 돌아선 지아의 눈에 약간 당황한 듯한 얼굴로 다가오는 리사가 보였다.

"지아?"

리사는 지아와 시선이 마주치자 약간 당황한 듯 경색된 목소리로 말했다. 하지만 그것은 아주 잠깐이었다. 그녀의 음성은 금세 평소처럼 구김살 없이 밝고 명랑하게 변했다.

"깜깜한데 불도 없이 혼자 뭐하고 있어? 무섭지 않아?"

"조금 전 소피아가 연못에 빠지는 사고가 났었어. 그 때문에 모두들 놀랐지."

지아의 목소리는 평소와는 전혀 다르게 차가웠다. 하지만 리사는 눈치채지 못했는지 성의 없이 고개만 끄덕였다.

"그런 일이 있었구나. 난 자느라 아무 소리도 못 들었어."

지아의 눈동자가 달빛을 받아 서늘히 빛났다.

"잤다고? 넌 방에 돌아오지도 않았잖아?"

"그, 그건 휴게실에서 깜빡 졸았거든."

"그래? 그런데 여긴 왜 나온 거지?"

"낮에 뭘 잃어버려서 찾으러……."

"이걸 찾으러 왔지?"

지아는 변명하려는 리사의 코앞에 손을 내밀어 보였다. 지아가 내민 손바닥에는 화려한 보석으로 장식된 리사의 팔찌가 얌전히 놓여 있었다.

"어디서 찾았어?"

"연못 옆에서. 보는 순간 네 거라는 걸 알았지."

그제야 지아의 목소리가 평소보다 훨씬 차갑다는 것을 알아챈 리사가 입술을 깨물었다.

"소피아를 빠뜨린 게 너였니?"

"그래. 내가 그랬어."

"도대체 왜 그런 짓을……? 소피아가 죽을 수도 있었어."

"꼴도 보기 싫어서 그랬어. 피터 선배가 그 애를 바라보는 눈길이 싫었단 말이야!"

눈을 번뜩이는 그녀의 얼굴은 더 이상 명랑한 소녀의 그것이 아니었다.

리사는 표독스럽게 치켜뜬 눈으로 말을 이었다.

"그리고 너, 소피아에 대해서 여태까지 신경도 쓰지 않다가 왜 갑자기 지금 관심 있는 척을 하는 건데?"

"뭐? 그야 친구니까……."

리사가 코웃음을 쳤다.

"그런 애들은 우리 같은 상류층과 절대로 친구가 될 수 없어. 사람은 저마다 각자 어울리는 사람이 따로 있는 거야. 네 친구는 소피아 같은 촌뜨기 계집애가 아니라 바로 나야."

리사의 목소리는 정원에 내려앉은 어둠처럼 서늘하게 지아의 가슴을 헤집었다. 얼마 전 한별에게 자신이 했던 말이 떠올라서였다. 그 당시에는 아주 당연하다고 생각했던 말들이 이제야 듣는 사람에게 얼마나 상처가 되는지 알게 된 것이다.

"자, 소피아 따위는 잊어버려. 그리고 팔찌를 이리 줘."

리사는 손을 내밀며 한걸음 앞으로 다가섰다.

"네 드레스도 벌써 준비해 뒀어. 멋지고 화려한 동양의 드레스야. 내일 우리 둘이서 사람들을 깜짝 놀라게 하자."

리사의 말에 지아는 팔찌를 쥔 손을 잠시 내려다보았다. 잠시 그렇게 생각에 잠겼던 지아가 문득 팔찌를 연못을 향해 던졌다.

퐁!

"무슨 짓이야?"

리사가 깜짝 놀라 달려갔지만 이미 팔찌는 작은 파문을 그리며 시커먼 연못물 아래로 가라앉은 뒤였다.

리사는 화난 얼굴로 지아를 노려보았다.

"저게 얼마나 비싼 보석인 줄 알아?"

"몰라. 알고 싶지도 않고."

"이게 진짜…… 너 미쳤어? 너 나한테 밉보이면 어떻게 되는 줄이나 알아?"

"더 이상 애들의 관심을 받지도 못하고, 그동안 누리던 특권도 기대하기 힘들겠지? 한마디로 평범한 학생이 되는 거지."

리사는 죽일 듯 지아를 노려보며 말했다.

"흥! 내일 당장 입을 옷도 없는 주제에 태연한 척 하긴. 어디 내일도 그렇게 도도할 수 있는지 보자. 넌 절교야, 절교!"

지아는 씩씩거리며 뒤돌아 가는 리사의 뒷모습을 보며 씁쓸하게 중얼거렸다.

"뭐에 홀렸었나? 저런 애를 진짜 친구라고 믿고 있었다니."

하지만 이내 오랫동안 정원에 서 있는 바람에 더러워진 드레스 밑단을 내려다보며 한숨을 내쉬었다. 리사의 말대로 무도회에 입고 갈 옷이 없었던 것이다.

잠시 곰곰이 생각하던 지아가 피식 웃었다.

"아, 하나는 있나?"

긴 밤이 지나고 드디어 햇살 가득한 아침이 찾아왔다. 전날 밤 흉흉했던 분위기는 아침 해가 뜨자마자 거짓말처럼 흔적도 없이 사라졌다. 잠시 후면 일 년 내내 손꼽아 기다리던 부활절 무도회가 시작되기 때문이었다.

"아악! 내 드레스! 파리에서부터 가지고 온 드레스가 찢어졌어!"

"으악! 내 모자! 아프리카의 타조 깃털로 만든 거란 말이야."

새벽부터 학교는 전교생의 고함으로 전쟁터를 방불케 했다. 파티에 참석하는 학생들은 말할 것도 없고 초대받지 못한 학생들 역시 혹시라도 마주칠지 모르는 꿈같은 우연을 기대하며 몸치장에 열을 올렸다.

 마침내 해가 기울기 시작하자 초대를 받은 학생들은 기대에 찬 눈빛으로 하나둘씩 식당으로 모여들었다. 원래 연회실이었던 식당은 테이블이 치워지고 꽃과 리본으로 장식되어 원래의 화려했던 공간으로 바뀌어 있었다.

 모두가 정성스레 꾸몄지만 그 가운데서도 리사는 단연 눈에 띄었다. 새빨간 드레스와 루비로 치장한 그녀는 어린 소녀답지 않은 화려함을 과시하며 주변 사람들의 눈길을 사로잡았다.

 평소 단정치 못한 옷차림 때문에 털털한 이미지가 강했던 그렉 역시 짙은 연미복과 단정히 묶은 머리 덕분에 본래의 잘생긴 얼굴이 그대로 드러났다. 그 모습을 본 남학생들은 괜히 주눅이 든 듯 슬금슬금 시선을 돌렸고, 여학생들은 각자의 파트너를 놔두고 그를 힐끔힐끔 쳐다보았다.

 하지만 가장 기대를 모았던 피터의 모습은 그 어디에서도 보이지 않았다.

 화려한 연회장에서도 사람들의 시선이 잘 닿지 않는 구석진 자리는 언제나 있게 마련이었다. 두꺼운 커튼이 둘러진 테라스 근처가 그랬다.

 지아는 그곳에서 한별과 마주쳤다. 둘은 서로를 발견하자마자 의외라는 듯 눈을 동그랗게 뜨고 말했다.

 "교복?"

 처음 베를린에 왔을 때와 마찬가지로 한별과 지아는 둘 다 교복

을 입고 있었다. 한별이 먼저 인상을 쓰며 말했다.

"리사가 드레스 안 빌려 줘? 저 혼자 저렇게 튀는 옷을 입었으면서 치사하네."

지아는 급히 고개를 저었다.

"그런 거 아니야. 이제 겨울도 지났으니까 더 이상 긴 드레스는 필요 없어졌을 뿐이야. 게다가 드레스는 예쁘기는 한데 어딘지 모르게 불편하고 어색하거든."

한별은 그저 그런가보다, 하며 고개를 끄덕였다.

지아는 그대로 자신의 곁을 스쳐 지나려는 한별의 팔을 급히 잡으며 말을 이었다.

"잠깐만. 할 말이 있어."

한별은 지아의 뜻밖의 행동에 발을 멈췄다.

지아는 잠시 숨을 내쉰 뒤 말했다.

"아까 내가 드레스 얘기 했었지? 친구도 같다는 걸 깨달았어."

"무슨 뜻이야?"

"리사는 조건도, 외모도 완벽하게 나와 어울리는 친구지만 그것만으로 친구가 결정되지는 않는다는 걸 알았어. 내가 가장 편하게 지낼 수 있는 건 역시 너뿐이야."

한별은 전혀 예상치 못했던 지아의 말에 눈을 동그랗게 떴다.

"하지만 전에는 신분이 어쩌네 하면서……."

"윽! 제발 거기까지!"

지아가 다급히 그의 말을 막았다. 부끄러움 때문에 얼굴이 화끈거렸다.

"눈에 보이는 게 다가 아니라는 걸 어제 비로소 간신히 깨달았거든. 그러니까 그 얘기는 제발 꺼내지 말아 줘."

한별은 지아의 고백이 진심이라는 것을 이내 알 수 있었다. 그는 물끄러미 지아의 눈을 바라보다가 문득 물었다.

"너, 무슨 일 있었지? 그렇지?"

그런 그의 눈빛에는 궁금함보다는 걱정스러움이 더 많이 담겨 있었다. 그제야 지아는 허전했던 마음 한쪽이 조금씩 차오르는 것을 느꼈다.

"그 동안 내가 좀 심했지? 미안해. 내 모든 말과 행동들은 겉치레에 불과했어. 아니, 이미 알고 있었는데도 화려한 드레스와 보석들에 눈이 멀어 애써 못 본 척해 왔던 걸지도 모르고."

한별은 한결 편안해진 지아의 얼굴을 잠시 바라보다가 이내 피식 웃었다.

"이제야 정신을 차린 내가 아는 지아로 돌아왔네. 공주놀이는 이제 완전히 끝난 거지?"

오해를 풀기 쉽지 않을 거라는 지아의 예상과는 달리 한별은 너무나도 간단히 웃음을 보여 주었다. 지아는 고맙다는 듯 환한 미소와 함께 힘차게 고개를 끄덕였다.

"응."

"하지만 나랑 소피아랑 함께 다니면 너도 이제 피곤해질 거야."

"그런 걱정은 안 해도 돼. 솔직히 말하자면 너와 소피아가 사고란 사고는 다 치고 다닐 때 무척 재밌어 보였어."

"나 참……. 누군 죽을 둥 살 둥 버둥거렸는데 재밌어 보였다니.

네 심술도 거의 그렉과 맞먹는구나."

한별이 땅이 꺼져라 한숨을 쉬고, 그 모습을 바라보던 지아가 풋, 하며 웃음을 터뜨렸다.

"누가 내 욕을 하나 했더니 네 녀석들이었구나."

그때, 누군가 불쑥 튀어나오며 한별과 지아의 어깨를 움켜잡았다. 깜짝 놀라 돌아보니 멋지게 차려입은 그렉이었다. 그는 똑같이 교복을 입은 두 사람을 보며 짓궂은 미소를 지었다.

"호오~ 커플룩? 이거 수상한데?"

"아니에요. 이건 그냥 교복이라고요."

"마, 맞아요. 특별히 맞춰 입은 건 아니에요."

지아와 한별이 당황한 듯 동시에 입을 열었다. 하지만 그렉은 여전히 싱글거리며 말했다.

"쯧쯧, 이런 중요한 파티에 공공연히 커플룩을 입었으면서 그런 어설픈 변명이 통할 것 같아? 다들 너희만 쳐다보잖아."

돌아보니 정말 사람들의 시선이 둘에게 쏠려 있었다. 지아와 한별의 얼굴은 사이좋게 붉게 물들었다.

"크으! 저 수줍은 얼굴! 연애 초보들이로군. 귀엽네."

지아는 얄밉게 놀려 대는 그렉을 노려보며 빽, 소리쳤다.

"딴소리 하지 말고 피터 선배가 어디 있는지나 말해요!"

"피터는 왜? 파트너가 눈앞에 있는데 다른 남자를 찾으면 한별이가 불쌍하잖아."

"그런 거 아니라니까요! 소피아가 어디 있는지 물어보려는 거예요!"

새빨개진 얼굴로 빽, 소리치는 지아에게 그렉은 씩 웃었다.

그렉이 대답을 미루는 동안 어디선가 무도회의 시작을 알리는 나팔 소리가 들렸다. 그와 동시에 귀빈들이 연회장 안으로 속속 들어서기 시작했다.

프로이센과 평생에 걸쳐 치열한 전쟁을 벌이고 있는 오스트리아의 마리아 테레지아와 그녀의 후계자인 요제프 황태자를 필두로 프랑스의 바람둥이 왕 루이 15세, 중립국을 선언한 스웨덴의 프레드리크 1세, 내각제를 채택한 덕분에 통치의 의무에서 벗어난 영국의 조지 3세 등 그 하나하나가 모두 유럽의 이름난 강자들이었다.

평소라면 한 사람의 얼굴도 보기 힘든 거물들의 연이은 등장에 학생들은 잔뜩 긴장을 하면서도 가장 매력적이고 아름다운 모습을 보이려고 애를 썼다. 졸업 전 사교계에 데뷔하기에 이처럼 완벽한 기회는 좀처럼 없었기 때문이었다. 유럽 각지의 귀빈들 역시 학생들의 이런 모습에 푸근한 미소를 지었다. 마치 자신들의 옛날 모습을 보는 듯한 추억이 떠올라서였다.

연회장이 어느 정도 메워지고 난 후에야 그렉은 지아의 궁금증을 해결해 주었다.

"이제 슬슬 내려올 때가 됐어. 주인공은 나중에 등장해야 한다나 뭐라나?"

그렉은 싱긋 웃으며 2층으로 통하는 계단을 가리켰다.

지아와 한별은 그렉의 손가락을 따라 고개를 돌렸다. 아름답게 꾸민 한 쌍의 커플이 계단을 따라 천천히 내려오고 있었다.

남자는 금세 알아볼 수 있었다. 학교 안에서 가장 유명한 피터였으니까 당연한 일이었다. 하지만 정작 사람들이 놀라는 쪽은 그보다는 피터의 손을 잡고 우아한 걸음걸이로 사뿐히 내려오는 그의 파트너였다.

"소피아?"

진주가 박힌 머리핀과 연분홍색 실크 드레스, 창백한 피부와 너무나도 잘 어울리는 푸른 머리띠 등 머리에서 발끝까지 완벽하게 꾸민 피터의 파트너는 바로 소피아였다.

놀라기는 다른 학생들도 마찬가지였다. 그동안 누더기 같은 옷만 입던 소피아의 너무나도 달라진 모습에 그들은 입을 쩍 벌렸다.

"꺄악! 저게 소피아라고? 거짓말!"

"말도 안 돼. 완전 변신을 했잖아?"

수많은 시선 속에 이윽고 계단을 다 내려온 피터와 소피아는 귀빈들에게 둘러싸여 있던 프리드리히의 앞에 멈춰 섰다.

프리드리히는 처음에는 소피아를 알아보지 못했다가 눈을 깜빡이며 되물었다.

"소피아? 설마 그때 그 도굴범?"

소피아는 피식 웃으며 고개를 끄덕였다.

"정말 아름다운 아가씨군요."

파티에 참석한 귀빈들은 피터와 춤을 추고 있는 소피아가 정말 마음에 든 듯 중얼거렸다. 프리드리히도 달라진 소피아의 모습에 흡족한 듯 미소를 지었다.

미소를 짓는 사이에도 프리드리히의 냉철한 머릿속은 분주히 돌아가고 있었다. 그는 차가운 눈으로 힐끗 어두워지기 시작하는 창밖을 내다보았다.

"이제 슬슬 도착하겠군."

소피아와 피터가 가장 완벽한 커플이라면 지아와 한별은 가장 특이한 커플이었다. 몇 번이나 지아의 발등을 무참히 밟아 지아를 재기불능의 상태로 만들어 버린 한별은 '지독한 몸치'라는 한마디에 자존심 상한 얼굴로 외쳤다.

"운동천재 강한별에게 몸치라니! 눈 크게 뜨고 잘 봐."

한별은 지아가 말릴 사이도 없이 댄스플로어 한가운데로 성큼성큼 걸어갔다. 그리고는 피아노와 바이올린 반주에 맞추어 최신 유행 댄스를 추기 시작했다.

사람들은 파트너도 없이 혼자, 그것도 생전 처음 보는 춤을 추는 한별을 보며 눈살을 찌푸렸다. 하지만 이내 그의 현란한 춤 솜씨에 매료되었고, 음악이 끝나자 요란한 박수와 환호를 보내기까지 했다. 그렉은 당장 가르쳐 달라며 한별을 졸졸 따라다녔다.

"봤냐? 이제 진짜 춤이지."

가까스로 끈덕지게 따라붙는 그렉을 떼어낸 한별이 으스대며 걸어오자 지아는 그의 유치함에 혀를 내둘렀다. 그래도 덕분에 피터와 함께 사람들에게 갇히다시피 둘러싸인 소피아의 관심을 끌 수는 있었다.

소피아와 한별, 그리고 지아는 한별 덕분에 조금 전과는 비교할 수도 없을 정도로 시끄러워진 파티장을 벗어나 조용한 테라스로 자리를 옮겼다.

바깥 공기는 딱 기분 좋을 정도로 서늘했다. 갑갑하던 파티장을 벗어난 세 사람의 얼굴에 동시에 미소가 그려졌다.

한별이 문득 소피아를 돌아보며 정색을 했다.

"너 도대체 어떻게 된 거야? 말도 없이 사라져서 걱정했다고."

소피아가 머쓱한 표정으로 말했다.

"의무실에 누워 있는데 새벽 일찍 피터 선배가 이 드레스를 가지고 찾아왔더라고. 그러면서 의무실은 시끄럽다며 조용한 빈 기숙사 방도 내주고."

그 순간이 떠올랐는지 소피아의 얼굴에 홍조가 피었다.

"그럼 말이라도 해 주지 그랬어? 얼마나 걱정했는데."

"미안. 그럴까 생각도 했는데 피터 선배가 너희들을 깜짝 놀라게 해 주고 싶다면서 비밀로 해 달라고 어찌나 부탁을 하는지 도저히 거절할 수가 없었어."

소피아의 착실한 대답에 한별은 어깨를 으쓱했다.

"뭐, 조금은 괘씸하지만 입이 쩍 벌어지도록 예뻐졌으니 그쯤은 용서해 주지."

"그나저나 너희 둘은 어떻게 된 거야? 둘이 같이 온 거야?"

소피아의 말에 이번엔 지아와 한별의 얼굴이 동시에 붉어졌다.

"아, 아니야."

"여기서 만난 거야."

둘이 과장된 몸짓을 취하며 동시에 외치자 소피아는 의심스럽다는 듯 눈을 가늘게 떴다.

그때 누군가 테라스로 다가오려는지 문손잡이가 끼익 하며 돌아갔다. 셋은 누가 먼저랄 것도 없이 재빨리 테라스의 치렁치렁한 커튼 뒤로 몸을 숨겼다.

숨고 나서야 이들 세 사람은 서로의 얼굴을 바라보며 고개를 갸웃거렸다.

'우리가 대체 왜 숨은 거야?'

하지만 나가기에는 늦어 버린 후였다. 누군가의 발소리가 이미 바로 옆까지 들렸기 때문이었다.

"진짜 놀랐다. 너 정말 소피아를 완벽한 숙녀로 만들었더라."

그렉의 목소리였다. 그리고 뒤이어 피터의 낭랑한 웃음소리가 들렸다. 소피아의 얼굴이 슬쩍 붉어졌다. 하지만 다음 순간 이어진 피터의 목소리에 붉어진 소피아의 얼굴은 순식간에 창백하게 변하고 말았다.

"나랑 내기한 네가 바보라고. 난 지는 게임은 절대 안 하거든."
"쳇. 하여튼 독종이야."

그렉은 들고 있던 샴페인의 잔을 홀짝이며 툴툴거렸다. 그러다가 문득 씩 웃으며 말했다.

"그나저나 진짜 예뻐졌던데 정말로 사귀어 보는 건 어때?"
"누구 말하는 거야?"
"누구긴. 네 파트너 소피아 말이야."

피터는 못 견디게 우스운 농담이라도 들은 듯 큰 소리로 웃어 댔다. 그리고는 간신히 웃음을 멈추고 말했다.

"내가 그런 촌뜨기랑? 농담이겠지? 그렇게 마음에 들면 네가 사귀지 그래?"

"미안하지만 순진한 숙녀는 사절이야. 난 화끈하게 사랑하고 쿨하게 헤어지는 여자가 좋다고."

그렉은 한쪽 입술을 비틀어 올리며 술잔에 남은 샴페인을 입 안으로 털어 넣었다. 그리고는 주머니를 뒤져 동전 하나를 손가락으로 튕겼다. 동전은 맑은 소리를 내며 허공으로 높이 튀어 올랐다.

그는 입술을 삐죽거리며 말했다.

"쳇…… 이번 내기만큼은 내가 이길 줄 알았는데."

피터가 씽긋 웃으며 그것을 허공에서 잡아챘다.

커튼 뒤에서 그 광경을 지켜보고 있던 소피아의 눈에 언뜻 분노의 빛이 스쳐 지나갔다. 피터의 손안으로 사라진 것은 금화도, 은화도 아닌 동으로 만든 1마르크짜리 동전이었던 것이다.

피터가 하는 한마디 한마디는 그대로 커다란 칼날이 되어 소피아의 가슴에 꽂혔다. 조금 전까지만 하더라도 세상에서 가장 행복한 사람처럼 두근거리던 심장은 커다란 얼음송곳이라도 박힌 듯 욱신거렸다.

소피아의 커다란 눈에 금방이라도 뚝뚝 떨어질 것처럼 눈물이 한가득 맺히자 지아와 한별은 머쓱한 표정을 고개를 돌렸다.

하지만 소피아는 울 수 없었다. 좋아하는 사람에게 속았다는 배신감보다 작은 동전 한 닢이 주는 모욕감이 더욱 컸다.

결국 소피아는 더 이상 참을 수 없다는 듯 커튼 뒤에서 나서며 차가운 목소리로 말했다.

"그 동전 한 닢이 내 값어치인가요?"

전혀 예상치 못한 소피아의 등장에 피터와 그렉은 깜짝 놀라 뒤돌아섰다. 하지만 그것도 잠깐, 피터는 피식 웃으며 태연한 목소리로 말했다.

"뭘 그렇게 정색을 해? 설마 너 내가 진심일 거라고 생각한 건 아니겠지?"

"그럼 지금까지 한 모든 것이 다 장난이었어요? 처음부터?"

"그렉과 내기를 했거든. 네가 견디지 못하고 도망치면 그렉의 승리, 그 반대로 네가 완벽한 숙녀가 되면 나의 승리. 보다시피 내가 이겼지."

피터는 씩 웃으며 고개를 끄덕였고, 오히려 평소 장난스럽던 그렉은 미안한 듯 시선을 피했다.

"그렇게 상처받은 척 할 필요 없어. 난 네 덕에 내기에서 이기고, 넌 내 덕분에 번듯한 숙녀가 되었잖아. 게다가 모두들 그동안 심심하지도 않았고. 이만하면 다 좋은 거 아니야?"

피터의 얄미운 미소에 소피아는 화가 났다. 더욱 화가 나는 것은 이런 상황에서도 그의 미소에 쿵쾅쿵쾅 요란하게 뛰는 자신의 심장이었다.

소피아가 죽일 듯 피터를 노려보고, 그렉의 시선이 허공을 맴도는 동안 지아와 한별 역시 별달리 할 말을 찾지 못했다.

그렇게 테라스에 드리워진 침묵이 못 견딜 정도로 무겁게 느껴질 무렵, 조용히 테라스의 문이 열리며 검은색의 벨벳 드레스를 입은 중년의 여인이 걸어 나왔다. 온몸을 화려한 보석으로 휘감고 있었지만 정작 시선을 확 끄는 것은 그녀의 타는 듯한 새빨간 머리카락과 얼음처럼 차가운 눈빛이었다. 군복을 입은 몇 명의 남자가 그녀의 뒤를 호위하듯 따르고 있었다.

갑작스레 등장하는 그녀를 발견하자마자 피터의 얼굴이 확 바뀌었다. 조금 전 소피아를 빈정거리며 여유를 부리던 그는 이를 드러내며 있는 힘껏 소리쳤다.

"옐리자베타! 당신이 왜 여기 있는 거야?"

"말조심하시오. 이분은 러시아의 여왕폐하이십니다."

군복을 입은 남자 중 한 명이 외쳤다. 옐리자베타 여왕은 손을 들어 그의 말을 막았다.

"오랜만이구나, 피터. 이모를 봤으면 인사를 해야지."

피터는 냉소했다.

"이모? 인사? 웃기지 마! 당신은 우리 부모님을 죽인 철천지원수일 뿐이야."

그의 말에 소피아와 한별, 지아는 깜짝 놀랐다.

"이모가 부모님을?"

여왕은 차가운 눈빛만큼이나 서늘한 목소리로 말했다.

"여왕이 되기 위해서 어쩔 수 없는 일이었다. 그리고 네가 날 미워하는 것도 이해해. 하지만 지금은 나와 함께 러시아로 가야만 한다."

"내가 왜? 난 다시는 그 죽음의 땅으로 돌아가지 않아."

피터가 발작하듯 외쳤다.

여왕은 얼음장 같은 목소리로 말했다.

"아니, 넌 반드시 돌아가야 해. 그것도 나의 후계자로서."

"뭐라고? 왜 내가 황태자야? 이반이 있잖아."

"이반은 죽었다."

"뭐?"

순간 피터는 경악으로 눈을 부릅떴다.

"이제 네가 유일한 로마노프 왕가의 혈육이야. 좋건 싫건 나의 뒤를 이어 러시아를 다스려야 하지."

피터는 여왕이 말이 끝나자 차갑게 코웃음을 쳤다.

"흥! 순순히 끌려갈 줄 알고?"

그의 등 뒤에는 허리에도 못 미치는 낮은 난간이 있었고, 그 너머에는 어둠이 내려앉은 넓은 정원이 복잡한 미로를 그리며 펼쳐져 있었다. 하지만 피터는 돌아서지도, 난간을 뛰어넘지도 못했다. 바로 등 뒤에 서 있던 그렉이 갑자기 그의 양팔을 옴짝달싹 못하도록 꽉 잡았기 때문이었다.

"야, 너 왜 이래? 놔!"

피터가 소리쳤다. 하지만 그렉은 손을 놓기는커녕 더욱 힘을 주었다. 언제나 장난기 가득하던 그의 얼굴은 마치 가면이라도 쓴 듯 굳어 있었다.

"죄송합니다, 전하."

"전하라니?"

"정식으로 인사드리겠습니다. 저는 황실 근위대 소속 그레고리 오를로프입니다."

"뭐!?"

"마, 말도 안 돼!"

음모의 실체가 드러나다

　피터는 물론이고 소피아와 지아, 한별도 경악하고 말았다. 피터는 잔뜩 일그러진 얼굴로 으르렁거렸다.
　"몇 년 동안이나 날 감쪽같이 속였군. 저 여자의 명령이었나?"
　"모두가 전하의 안전을 지키기 위해서였습니다."
　단 하나뿐인 친구에게 속았다는 배신감과 부모님의 원수에게 농락당했다는 절망감에 피터의 입에서는 짐승 같은 절규가 터져 나왔다.
　"으아아아악! 절대 안 가! 차라리 죽여!"
　피터의 피를 토하는 듯한 목소리에도 여왕은 눈썹 하나 까딱하지 않았다. 그녀는 더 이상 말하고 싶지 않다는 듯 그렉에게 손짓을 했다.
　퍼억!
　순간 묵직한 소음과 함께 피터의 몸이 그렉의 품으로 힘없이 허물어져 내렸다. 그렉이 피터의 목덜미를 내려친 것이다.
　"죄송합니다."
　여왕은 손을 휘휘 저었다.
　"어서 마차에 태우기나 해라."
　그렉이 정신을 잃은 피터를 어깨에 걸쳐 메고 테라스를 떠났다. 그제서야 여왕은 한쪽에 나란히 뭉쳐 있는 소피아와 한별, 지아에게로 돌아섰다. 지아와 한별을 스치듯 살핀 여왕의 시선이 소피아에게 가 닿았다. 한참이나 소피아의 얼굴을 살펴보는 그녀의 눈빛은 조금 전보다 훨씬 누그러져 있었다.
　"네가 요한나의 딸 소피아구나."
　소피아는 잔뜩 경계하는 눈으로 고개를 끄덕였다.
　"어머니를 아세요?"

"알다마다. 어렸을 때는 자주 어울렸단다."

도저히 믿을 수 없다는 듯 소피아가 눈을 가늘게 떴다. 입던 옷까지 팔아야 하는 어머니였다. 그런데 보통 귀족도 아닌 러시아의 여왕과 친분이 있다니.

여왕은 희미하게 웃었다.

"여왕이 되기 전에 난 카를 아우구스트와 약혼했었단다. 네 어머니의 오빠, 바로 너희 외삼촌과 말이야. 그가 사고로 죽지만 않았으면 난 지금쯤 너희 숙모가 되어 있었을 거다."

"사, 삼촌하고 약혼……."

소피아는 입을 쩍 벌렸다. 그런 소피아가 재밌는지 여왕은 살짝 미소를 지었다.

"그렉이 편지에 네 이야기를 많이 썼더구나. 피터와 친하다고?"

소피아는 순간 입술을 깨물었다. 30분 전까지만 하더라도 기쁘게 고개를 끄덕였을 것이다. 하지만 이제는 아니다.

"잘못 아신 거예요. 나는 그에게 아무 의미도 없는 사람이에요."

"이상하구나. 그렉은 오랫동안 피터의 곁을 지켜왔고 그래서 누구보다 피터를 잘 알아. 그래서 난 피터가 널 소중히 여긴다는 그렉의 말을 믿는다."

여왕의 말에 소피아의 심장이 쿵, 하고 뛰었다.

"그렉 선배가 정말 그렇게 말했나요?"

여왕은 고개를 끄덕인 뒤 말했다.

"난 네가 러시아로 와서 피터의 짝이 되어 주었으면 해. 물론 그건 너에게 힘이 들 거야. 하지만 난 꼭 네가 나의 가족이 되어 주었으면 한단다."

"하지만 전 잘 모르겠어요. 그동안 피터 선배와 가까워진 줄 알았어요. 하지만 결국 모든 게 그의 장난으로 밝혀졌는걸요."

여왕은 유감인 듯 쓸쓸한 미소를 지었다.

"그래? 하지만 언제라도 마음이 바뀌면 오너라. 난 이미 널 피터의 짝으로 생각하고 있단다."

여왕은 그렇게 말한 뒤 돌아섰다. 그리고 나타날 때와 마찬가지로 순식간에 사라졌다. 그녀를 뒤따르던 많은 호위대마저 떠나자 테라스는 원래의 정적을 되찾았다.

"갈 거야?"

지아가 그 정적을 깨며 물었다.

"가지 마. 피터 그 녀석도 널 좋아하는 게 아니었잖아. 고민할 필요도 없네."

한별은 여전히 속은 게 분한 듯 씩씩거렸다.

"잘 모르겠어. 그동안 날 감쪽같이 속여 온 걸 생각하면 안 가는 게 맞겠지. 하지만……."

소피아는 혼란스러운 듯 말끝을 흐렸다. 그 침묵 사이로 불쑥 프리드리히의 목소리가 끼어들었다.

"이런, 피터가 벌써 떠났나 보군. 작별 인사쯤은 하려고 했는데."

순간 세 사람은 화들짝 놀라 뒤를 돌아보았다. 기척도 없이 프리드리히가 다가와 있었다. 소피아가 얼굴을 찌푸렸다.

"전하는 이 모든 걸 알고 있었군요."

프리드리히는 의뭉을 떨 듯 어깨를 으쓱해 보였다.

"내가 뭘 안다는 거지? 피터의 진정한 신분이 러시아 여왕의 조카라는 사실? 그거야 입학할 때 사전조사를 하면 누구나 알 수 있지. 그렉이 황실 근위대 소속이라는 거? 그건 여왕이 직접 부탁을 해 온 거야. 아니면 오늘 여왕이 이곳에 온 거? 그거야 당연히 알지. 내가 초대했으니까."

"소피아의 외삼촌이 여왕의 연인이었다는 것도 알고 있었겠군요."

지아가 프리드리히의 말끝을 잡았다. 이에 프리드리히는 고개를 끄덕이며 소피아를 바라보았다.

"처음 널 보자마자 떠오르는 게 하나 있더군. 언젠가 러시아에 갔을 때 본, 젊은 시절의 옐리자베타와 너와 꼭 닮은 남자가 그려진 초상화. 그래서 혹시나 하고 네 뒤를 캤지."

프리드리히가 말하는 동안 소피아는 인상을 찌푸렸다. 한별과 지아도 그의 음험함에 혀를 내둘렀다.

"여왕이 왜 검은 상복을 입고 다니는 줄 알아? 첫사랑이 죽었기 때문이지. 바로 너의 외삼촌 카를 말이다. 그런 여왕의 앞에 널 세워 놓으면 어떨까 싶었지. 생각보다 재미있었지?"

"재미로 이 모든 걸 계획했나요?"

소피아가 이를 갈며 물었다. 프리드리히는 호탕하게 웃었다.

"물론 재미있기도 했지만 그게 다는 아니지. 지아의 예언이 사실이라면 한 번쯤 큰 모험을 감행해도 되지 않을까 싶었지. 난 한 번의 목숨이 더 있는 셈이니까."

"무슨 말인지 도무지 모르겠어요."

소피아의 말에 프리드리히가 말했다.

"자세한 건 아직 설명할 수 없다. 넌 그저 옐리자베타 여왕을 따라 러시아로 가기만 하면 돼."

"난 아직 결정하지 않았어요. 당신의 장난에 맞춰 줄 생각은 더욱 없고요."

소피아가 딱 잘라 말하자 프리드리히는 과장된 한숨을 내쉬었다.

"가고 안 가고는 네 자유지. 하지만 지지세력 하나 없는 불쌍한 피터는 그 춥고 화려한 궁전 안에서 친구도 없이 메말라 가겠지. 그리고는 결국 반역을 꾀하는 누군가의 손에 잔인하게 죽을 거야. 그의 부모처럼 말이야. 러시아의 권력 다툼은 잔인하기로 이름이 높아서 절대 살려 두는 법이 없으니까."

한참이나 망설이고 망설이던 소피아의 머릿속에 화내고 웃고, 때로는 슬퍼하던 피터의 얼굴이 스쳐 지나갔다. 몇 번이고 입을 열었다가 다시 닫던 소피아가 이윽고 입을 열었다.

"피터 선배에게 내게 필요하다면 기꺼이 가겠어요. 그곳이 러시아가 아니라 땅끝이라도."

"잘 생각했어. 사실 거절해도 넌 갔어야 했어. 너희 부모님을 살리고 싶다면 말이야."

소피아는 프리드리히의 말에 깜짝 놀라 소리쳤다.

"거짓말! 부모님은 피터 선배가 안전한 곳에 모셨다고 했어요."

프리드리히는 히죽 웃었다.

"그 인적 뜸하고 안전한 곳이 바로 내 별장이거든. 얼마나 인적이 뜸하냐면 그곳이 어딘지 나만이 알 수 있을 정도지."

나의 이름은 예카테리나

　옐리자베타 여왕과 강제로 끌려가는 피터, 소피아와 지아, 한별, 그리고 그렉과 다른 근위병들까지 러시아로 향하는 일행은 거의 백여 명에 달했다. 하지만 그 많은 인원이 이동하면서도 말소리는 거의 들리지 않았다.
　배와 마차를 번갈아 가며 이동한 일행은 베를린을 떠난 지 정확하게 한 달 보름 만에 러시아의 제2의 도시 상트페테르부르크에 입성할 수 있었다. 봄의 절정인 5월 중반이었지만 높다란 궁전의 지붕 꼭대기는 투명한 얼음이 맺혀 있었고, 멀리 보이는 산 중턱은 만년설이 쌓여 있었다.
　하지만 소피아와 지아, 한별이 머물 곳은 상트페테르부르크에서 한참이나 떨어진 러시아의 수도 모스크바였다. 옐리자베타 여왕이 러시아가 처음인 셋을 위해 특별히 모스크바 아카데미에 입학하도

록 해 준 것이다.

　러시아에 도착한 직후부터 모스크바 아카데미로 떠나는 날까지 소피아는 피터를 만나지 못했다. 러시아에 도착한 직후부터 그는 방 안에 스스로를 가두고 한 발짝도 밖으로 나오지 않았던 것이다.

　"널 보는 것 같다."

　한별의 말에 지아도 동감한다는 듯 고개를 끄덕였다.

　모스크바 아카데미는 프리드리히가 베를린 아카데미를 만들었듯 옐리자베타 여왕이 낙후된 러시아의 교육제도를 개선하기 위해 만든 학교였다.

　러시아 말을 전혀 하지 못하는 세 사람은 도착하자마자 왕따였다. 학생들은 타지에서 온 이방인인 그들을 경멸의 눈초리로 바라보았다.

　소피아는 묵묵히 책만 들여다보았다. 하루라도 빨리 러시아 말을 익히지 않고서는 아무것도 할 수 없음을 깨달았기 때문이었다. 그런 사정은 지아와 한별도 마찬가지여서 셋은 새벽부터 밤늦게까지 도서관에서 살다시피 했다.

　피터와 그렉이 학교에 나타난 것은 그렇게 길고 지루한 나날을 보내던 어느 날이었다. 피터가 끝끝내 마음을 열지 않자 여왕이 두 사람을 학교로 보낸 것이다.

　피터가 왔다는 소식을 듣자마자 소피아는 반가운 마음으로 한걸음에 달려 나갔다. 하지만 정문 입구에서 마주친 피터의 눈빛은 마치 얼음처럼 투명하고 차가웠다.

　"고고한 척, 순수한 척하더니 결국 네가 가장 영악했군."

"그게 무슨 소리예요?"

소피아의 반문에 피터는 코웃음을 쳤다.

"도대체 무슨 수를 썼는지 모르지만 이모가 널 아주 마음에 들어 하더구나. 죽은 딸이 되돌아왔다고 해도 믿을 정도야."

"그건 그럴 만한 사정이 있어요."

"알고 싶지 않아. 듣고 싶지도 않고. 그러니 더 이상 내 앞에서 얼쩡거리지 마."

피터는 마치 이 모든 것이 소피아 때문이라는 듯 적개심을 가득 담아 노려보았다. 뼛속까지 얼려 버릴 듯한 그의 목소리에 소피아는 그가 스쳐 지난 뒤에도 망연자실한 얼굴로 한참이나 그 자리에 돌처럼 서 있었다.

피터의 적개심은 그대로 다른 학생들에게 전해졌다. 그렇지 않아도 따돌림을 당하던 세 사람은 피터의 묵인 아래 본격적으로 괴롭힘을 당했다. 책이 찢어지거나 옷장 안의 옷이 갈기갈기 찢어지는 것은 예사였고, 우연을 가장해 슬쩍 계단 아래로 떠미는가 하면, 머리 위로 커다란 화분이 갑자기 떨어지기도 했다. 다행히 화분은 빗나가 바닥으로 떨어졌지만 산산조각이 나 사방으로 튀어 오른 파편 조각에 소피아는 적지 않은 부상까지 입게 되었다.

하루하루가 살얼음판처럼 위태로웠지만 그 중에서도 소피아를 가장 힘들게 하는 것은 피터의 눈초리였다.

"으으…… 답답해. 도대체 뭐가 불만인 거야? 말을 해 줘야 알 거 아니야? 저렇게 째려보기만 하면 어쩌라는 거야?"

한별이 조그맣게 툴툴거렸다.

"기다려 봐. 언젠가 속마음을 얘기하겠지."

하지만 피터는 좀처럼 마음을 열지 않았다. 그러는 사이 설상가상 반갑지 않은 얼굴이 하나 더 늘어났다.

"어머! 또 만났네? 반갑다고 해야 하나?"

피터와 다른 학생들의 괴롭힘을 피해 잠시 정원에 앉아 있던 소피아와 지아, 한별은 머리 위에서 들려온 날카로운 목소리에 뜨악한 표정으로 고개를 들었다. 그러자 리사의 새빨간 머리카락이 눈에 들어왔다.

"너, 어떻게 여기까지?"

놀란 한별이 말까지 더듬으며 물었다.

"전학 왔어."

"전학?"

"호호호! 놀라긴. 나 원래 여기 학생이었어. 피터 선배가 여기 있다는 소식을 듣고는 잽싸게 돌아온 거지."

리사는 높은 톤으로 웃음을 터뜨리고는 이내 소피아를 죽일 듯 노려보았다.

"네가 중간에 어떤 여우 짓을 해서 여왕폐하의 환심을 샀는지는 모르지만 피터 선배는 내 거야. 잊지 마."

마치 선전포고 같은 그녀의 말대로 소피아의 학교생활은 두 배로 고달파졌다. 피터는 웬일인지 베를린 아카데미에서는 돌아보지도 않던 리사를 마치 헤어졌던 옛 연인이라도 만난 듯 반겨 주었다. 그런 그의 머릿속에서 소피아는 아예 지워진 듯했다.

괴롭힘과 경멸보다 피터의 무관심에 소피아는 더욱 깊은 상처를 입었다.

피터의 이런 행동은 리사가 그동안 받아 온 서러움을 한순간 날렸을 뿐 아니라 깊고 깊은 질투심 아래 감춰 놓았던 폭력성을 수면 위로 끌어올렸다. 리사는 언제 요조숙녀였냐는 듯 표독스러운 얼굴로 소피아를 괴롭히는 데 앞장을 섰다.

작정하고 나선 리사의 손길을 소피아는 도저히 피할 수가 없었다. 결국 어느 늦은 밤, 소피아는 그녀에게 떠밀려 계단 아래로 굴러 떨어지고 말았다.

"꺄악!"

소피아는 외마디 비명을 질렀다. 근처에 있던 학생들은 그 다급한 비명에 계단 주위로 모여들었고 소피아와 조금 떨어져 있던 한별과 지아도 한달음에 달려갔다.

소피아의 얼굴은 고통 때문에 흘린 식은땀으로 흥건히 젖어 있었다. 놀라기도 하고 화가 머리끝까지 치밀어 오른 한별이 계단 위를 노려보며 소리쳤다.

"무슨 짓이야?"

리사는 태연히 대답했다.

"어머! 그러게 잘 좀 보고 다니지 그랬니?"

리사는 재밌다는 듯 요란하게 웃으며 자리를 떴다. 다른 학생들도 위로의 말 한마디 없이 하나둘 흩어졌다.

그렇게 모두가 떠난 자리에 피터가 서 있었다.

그는 말없이 쓰러진 소피아를 내려다보았다. 무심하게 가라앉은 그의 눈동자에서 예전의 총명함은 전혀 찾아볼 수가 없었다.

그는 그렇게 아무 말도 없이 서 있다가 문득 뒤돌아섰다. 그리고는 리사가 사라진 방향으로 걸음을 옮겼다.

그가 떠나자 언제나 그의 뒤를 그림자처럼 따르던 그렉이 계단을 내려왔다. 그의 얼굴에는 온통 미안한 기색이 가득했다.

"미안. 지금 의사에게 데려다 줄게."

소피아는 그렉이 내미는 손을 뿌리쳤다.

"아뇨. 이제 다시는 누구의 도움도 받지 않을 거예요. 특히 당신의 도움은."

비명을 참아가며 한 자 한 자 끊어내듯 내뱉는 싸늘한 소피아의 대답에 그렉은 머쓱한 표정으로 돌아설 수밖에 없었다.

소피아와 지아, 한별은 가을이 끝나기도 전에 완벽하게 러시아어를 익힐 수 있었다. 아이들의 따돌림 때문에 공부 말고는 달리 할 것이 없었기 때문이다.

세 사람이 의도하지 않은 학구열에 불타는 사이 시간은 흘러 어느새 겨울이 성큼 다가왔다. 아직 10월 말인데도 새벽녘이면 낙엽이 떨어진 앙상한 나뭇가지 위로 서리가 하얗게 내렸다. 동토(凍土)의 땅 러시아에 벌써 겨울이 찾아온 것이다.

러시아의 겨울은 지독했다. 한번 눈이 쏟아질라 치면 하늘에 구멍이라도 난 듯 몇 날 며칠 밤낮으로 펑펑 쏟아져 바깥출입은 엄두도 내지 못했고, 영하 30~40도까지 떨어지는 것은 보통이었다.

다른 아이들은 이 정도 추위는 아무것도 아니라는 듯 가벼운 코

트나 숄만 두를 뿐이었지만 이런 추위를 한 번도 겪어 본 적이 없는 소피아와 지아, 그리고 한별은 솜옷과 모피로 머리끝에서 발끝까지 완전히 감싸야 겨우 방 바깥으로 나올 수 있었다.

모스크바 아카데미 역시 겨울방학이 있었다. 방학이 되자 소피아는 조금 긴장을 풀 수 있었다. 리사와 피터를 비롯한 전교생이 학교를 떠나 집으로 돌아갔기 때문이었다. 학생이 모두 떠난 학교는 커다란 폐허처럼 적막하고 황량했다.

"휴……. 사람이 없으니 더 추운 것 같아."

"치사하게 벽난로도 다 끄고 말이야. 우린 사람도 아니라 이거야?"

"흐흠, 난 조용하니까 좋기만 하네."

아무도 없는 학생 휴게실의 푹신한 의자에 이불을 돌돌 말고 앉은 소피아와 한별, 지아가 차례로 중얼거렸다. 휴게실의 한쪽 벽을 온통 차지한 커다란 벽난로는 꺼진 지 오랜 듯 차가운 냉기가 휴게실을 가득 메우고 있었다. 하지만 모처럼 찾아온 평화로운 시간에 세 사람의 얼굴에는 미소가 가득했다.

소피아가 고양이처럼 나른하게 기지개를 켰다.

"아아! 추위도 좋으니까 그냥 우리끼리 이렇게 지냈으면 좋겠다."

"큭큭…… 소원치고는 진짜 소박하다."

지아와 한별이 키득거렸다. 그날 밤, 세 사람은 오랜만에 마음껏 웃고 떠들다가 새벽녘이 되어서야 잠자리에 들었다.

"재밌나 보군."

잠결에 들려온 누군가의 음성에 소피아는 설핏 눈을 비벼 떴다. 환한 보름달이 뜬 창을 등진 채 누군가가 침대 맡에 서 있었다. 커다란 키와 어깨까지 물결치듯 흘러내린 금빛 머리카락, 투명하고 싸늘한 녹색의 눈동자. 피터임을 알아보는 순간 소피아의 입이 벌어졌다.

"꺄……. 으읍!"

피터는 비명을 지르려는 소피아의 입을 틀어막았다. 그리고는 혼잣말처럼 중얼거렸다.

"난 네가 올해가 가기 전에 이곳에서 도망칠 거라고 생각했어. 아는지 모르겠지만 러시아에서 파혼은 꽤 충격적인 일이거든. 그렇게 되면 누군가 날 물고 늘어질 거고, 귀족들 중 누군가 시기적절하게 반란이라도 일으킬지 모르지."

소피아는 계속 뭐라 말을 하려고 했지만 입을 틀어막은 피터의 손에는 점점 더 힘이 들어가고 있었다.

"그런데 넌 끈질기게 버텨 냈어. 도대체 왜? 설마 날 사랑해서야?"

피터는 굳이 답을 바란 것이 아닌 듯 빠르게 말을 쏟아 냈다.

"아니면 러시아의 황태자비라는 자리를 차지하기 위해서라면 이런 수모쯤은 기꺼이 참을 수 있단 건가? 역시 그런 거겠지?"

소피아는 힘껏 고개를 저었다. 하지만 피터는 애초부터 그녀의 의견 따위에는 관심도 없었다. 투명한 그의 눈동자는 시간이 지날수록 더욱 섬뜩한 빛을 발했다.

"난 네가 싫어. 널 보고 있으면 그 옛날, 끝없이 이어진 눈보라 속에 맨몸으로 서 있던 그날로 돌아간 것 같은 기분이 들거든. 도움을 갈구하고 싶고, 보호받고 싶던 아이 시절로 말이야."

피터의 시선은 아득히 먼 옛날을 헤매는 듯 흐릿했다.

"그래서 차라리 널 그곳에 던져두기로 했어. 그렇게 하면 그날의 악몽에서 벗어날 수 있을지도 몰라."
 '안 돼……!'

 러시아에 도착한 후 처음으로 피터와 떨어져 집으로 향하던 그렉이 학교로 돌아가는 피터의 마차를 발견한 것은 우연이었다. 먼발치였지만 선명한 왕가의 문장은 충분히 알아볼 수 있었다. 의아함에 고개를 갸웃거리던 그는 방학 동안에도 학교에 머물러야만 하는 소피아의 얼굴이 떠올랐다.
 왠지 모를 불안감에 급히 마차를 돌려 돌아온 그가 가장 먼저 찾아간 곳은 무례하게도 그가 모셔야 할 황태자 피터의 약혼녀인 소피아의 침실이었다. 하지만 이미 그곳은 주인을 잃고 텅 비어 있었다.

 지아는 누군가 무지막지하게 어깨를 깨우는 바람에 간신히 눈을 떴다. 그리고는 그의 얼굴을 알아보자마자 찢어질 듯한 비명을 질렀다.
 "꺄악! 이게 무슨 짓이에요?"
 이불을 가슴까지 끌어당긴 채 치한을 보듯 경멸의 눈동자로 노려보는 지아에게 그렉은 사과를 하는 둥 마는 둥 하며 물었다.
 "미안. 그런데 소피아는 어디 있지?"
 "당연히 자기 방에서 잤겠지 어디 있겠어요?"
 "소피아의 방에는 아무도 없어."
 지아는 여전히 화가 난 얼굴로 쏘아붙이듯 대답했다. 그리고는 뭔가 이상하다 싶어 고개를 갸웃거렸다. 희뿌옇게 밝아 오기 시작

한 창을 등진 그렉의 표정이 너무 다급해 보였기 때문이었다.
 "그런데 이 밤중에 왜 당신이 학교에 있는 거죠? 집으로 간 거 아니었어요?"
 "가던 중이었어. 그런데 도중에 피터가 학교로 돌아가는 걸 보고 따라온 거야."
 그렉의 말이 끝나기도 전에 지아는 잠옷 차림으로 이불을 박차고 일어났다.
 "피터, 그 사이코가 설마……!"
 지아는 한별의 방으로 달려가 코를 골며 자고 있는 그를 두들겨 깨웠다. 그리고 세 사람은 텅 비어 버린 학교 곳곳을 누비며 소피아가 갈 만한 곳을 샅샅이 돌아보았다. 하지만 태양이 완전히 떠올라 사방이 환하게 밝아질 때까지 소피아는 보이지 않았다. 셋은 외투를 뒤집어쓰고 울창한 학교의 뒷산과 화려한 정원을 뒤지기 시작했다.

 지아가 소피아를 찾은 곳은 정원과 숲이 만나는 경계쯤이었다. 손질을 하지 않아 제멋대로 뒤엉킨 관목들 사이에 난 빈 공간에 소피아는 잠옷 차림으로 반듯이 누워 있었다.
 얼핏 보아서는 평화롭기까지 한 모습이었지만 지아의 얼굴은 한순간 하얗게 질려 버렸다. 지난밤은 눈보라가 몰아쳐 지금 밖의 기온은 거의 극지방과 맞먹을 정도였다. 언제부터 저렇게 누워 있었는지는 모르지만 자칫 잘못하다가는 동사할 수도 있었다. 얇은 잠옷만을 입고 있는 소피아의 얼굴은 바닥에 쌓인 눈보다 더 창백했고, 잠옷 밖으로 나온 손은 체온이라고는 하나도 느껴지지 않았다.

"소피아!"

 벽난로를 피워 놓은 휴게실 안은 지난밤과는 달리 훈훈했다. 기세 좋게 타오르기 시작한 벽난로 덕분에 휴게실 안은 순식간에 찜질방 수준으로 달구어졌다. 덕분에 사방으로 소피아를 찾아다니느라 꽁꽁 언 지아와 한별, 그렉의 몸은 금세 녹아 버렸다.

 하지만 소피아의 체온은 좀처럼 정상으로 돌아올 생각을 하지 않았다.

 "동상이야. 천만다행으로 위기는 넘겼지만 까딱하면 손가락, 발가락을 다 자를 뻔했어."

 다시 쏟아지기 시작한 눈 때문에 오후 늦게야 도착한 의사가 혀를 차며 말했다.

 "하지만 지금은 그게 걱정이 아니지. 문제는 폐렴이야. 차가운 기운에 너무 오래 노출돼서 기도며 폐가 엉망이야. 자칫하다간 못 일어나겠어."

 의사는 그 말을 끝으로 간단한 약 처방을 남긴 채 떠났다. 그가 나가자 소피아의 방 안은 무거운 침묵이 내려앉았다.

 오랜 침묵을 깬 것은 그렉의 나직한 목소리였다.

 "떠나."

 "뭐라고요?"

 "난 강하고 현명한 피터가 황제가 되길 바랐어. 소피아라면 피터가 가지고 있는 마음의 벽을 허물 수 있을 줄 알았지. 하지만 지금은 아니야. 이대로 가다가는 결국 소피아를 죽이고 말 거야."

그의 얼굴에는 안타까움이 가득했다.

한별이 버럭 소리쳤다.

"이 멍청아! 누군 이 징그럽게 추운 곳이 좋아서 붙어 있는 줄 알아? 우리도 당장 다 때려치우고 떠나고 싶다고!"

"그럼 더욱 잘됐잖아. 내가 마차와 배편을 마련해 줄 테니까……."

"그런 게 아니라 소피아는 갈 수가 없다고!"

"그게 무슨 소리야?"

한별이 답답하다는 듯 버럭 외쳤고, 그렉은 이해하지 못하겠다는 듯 눈을 깜빡였다.

결국 지아가 한숨을 내쉬며 소피아와 그녀의 부모가 고향을 버리고 베를린으로 올라온 이유와 소피아가 베를린 아카데미에 들어오기 위해 몇 미터나 되는 하수관을 기어온 사실, 그리고 마지막으로 소피아의 부모가 프리드리히의 손아귀에 잡혀 있다는 것을 알려 주었다.

설명을 듣는 동안 그렉의 얼굴은 점차 일그러졌다.

"전혀 몰랐어. 상상도 하지 못했어."

지아는 고개를 흔들었다.

"이제 와서 후회해 봐야 무슨 소용이야. 게다가 소피아는 네가 아니라도 어떻게든 러시아에 왔을 운명이었어. 그러니 지금은 소피아가 건강을 되찾는 데만 집중하기로 해."

그렉은 지아의 의미심장한 말에 잠시 고개를 갸웃거렸다. 하지만 그때 소피아가 작게 앓는 소리를 내는 바람에 사소한 의문은 털어 버렸다.

다행히 워낙 건강했던 소피아는 빠른 속도로 회복해 갔다. 그동안 그렉은 수시로 의사를 데려오고, 요리사를 구해 오는 등 온갖 노력을 아끼지 않았다.

"고마워요."

간신히 입을 뗄 정도가 되자 소피아는 늦은 밤임에도 침대 곁을 지키고 있던 그렉에게 가장 먼저 고맙다는 뜻을 전했다.

"별말씀을. 황태자비 전하를 위해서 당연히……."

"아직 결혼하지 않았어요. 그리고 여긴 학교니까 예전처럼 해요, 선배."

"그, 그럼 그럴까?"

소피아의 말에 그렉이 머쓱한 듯 웃었다. 하지만 이내 정색을 하고 말을 이었다.

"얘기 들었어. 도망갈 수 없다며?"

"그래요. 하지만 내가 이곳에 온 이유는 피터의 언 마음을 열어 주고 싶다는 이유가 더 커요. 나에게 그는 정말 소중하니까."

그렉은 어두운 얼굴로 고개를 저었다.

"피터는 너무 많이 변했어. 이제 옛날로 돌아오는 건 불가능해. 방학이 끝나고 새 학기가 시작되면 모든 게 똑같이 되풀이될 뿐이야. 그러니까 넌 너대로 이곳에서 버틸 궁리를 해야 해."

그렉의 말이 뜻밖이라는 듯 소피아는 그를 응시했다.

"버틸 궁리라니요?"

"몇 가지 방법이 있기는 하지만 그 중에서 가장 급한 건 바로 종교야. 사람들은 자기들 무리에 속하지 않는 사람에 대해서는 무척 배타적이지만 일단 그 테두리 안에 들어가기만 하면 좀처럼 배척하지는 않거든."

그렉의 말에 소피아가 조심스럽게 물었다.

"종교를 바꾸고 싶어도 그 방법을 모르는 걸요."

그렉이 씩 웃었다.

"세례명부터 골라 놔. 주교님은 내가 모셔올 테니까."

소피아는 고맙다는 뜻을 담아 미소를 지어 보였다. 아직 병세가 남아 있어서 그런지 소녀보다는 성숙한 여인의 느낌이 묻어나는 그 미소에 그렉의 심장이 살짝 빨라졌다.

소피아는 그렉의 충고대로 봄 학기가 시작되기 전에 종교를 바꾸기로 결심했다. 그녀의 결심을 전해 들은 옐리자베타 여왕은 무척 기뻐하며 세례식에서 입을 드레스를 보내 주었다. 새하얀 담비털이 들어간 짙푸른 색의 아름다운 드레스였다.

세례명을 고르는 것은 지아가 도와주었다. 지아는 마치 이런 기회를 기다렸다는 듯 단번에 말했다.

"예카테리나!"

예카테리는 러시아 말로 '흠 없는 자' 혹은 '완전무결한 사람'이라는 뜻이었다. 또한 지금의 여왕인 옐리자베타의 어머니이자 표트르 대제의 아내의 이름이기도 했다.

"너무 거창하지 않을까?"

하지만 지아는 단호했다.

"넌 무조건 예카테리나여야만 해. 알았어? 딴 이름은 생각하지도 마."

지아의 반 협박조의 말투에 소피아는 엉겁결에 고개를 끄덕였다. 사실 예카테리나라는 이름은 그녀도 무척 마음에 들었다.

주교와 몇 명의 증인들만 참석한 채 조촐히 세례식을 치를 계획은 일찌감치 틀어져 버렸다. 옐리자베타 여왕이 부랴부랴 궁전에서 노닥거리는 피터의 세례도 함께 끼워 넣었기 때문이었다.

졸지에 황태자의 세례식으로 변한 까닭에 단출하게 치를 예정이었던 세례식의 규모는 거의 대관식 수준으로 확대되었다. 모스크바에 머물던 대주교가 상트페테르부르크 대성당으로 달려오고 러시아와 유럽 각지에 흩어져 있던 귀족들도 속속 상트페테르부르크로 몰려들었다.

"그 프로이센 계집애가 벌인 일이라며?"

"어우, 짜증나. 한창 파리에서 신나게 놀고 있었는데."

아이들의 불만은 지아와 한별이 앉아 있는 구석 자리에서도 들릴 정도로 컸다.

"칫, 너무하네. 아무리 소피아가 프로이센 사람이기는 하지만 자기들 황태자비인데 말이야."

"엄밀히 말해서 아직 아니지. 결혼식을 치르지는 않았잖아."

지아의 말대로 피터가 결혼식을 자꾸 뒤로 미루는 바람에 둘은 아직 약혼 상태였다. 약혼이란 깨질 수도 있다. 리사가 그렇게 적극적으로 피터에게 덤비고 있는 이유도 바로 그것 때문이었다.

잠시 웅성거리던 성당 안에 장중한 파이프오르간의 연주가 울려 퍼졌다. 누런 황금색 장식이 들어간 새하얀 법복을 차려입은 대주교와 옐리자베타 여왕이 차례로 성당 한가운데로 깔린 길고 붉은 융단을 지나 단상에 올랐다.

하지만 사람들의 이목은 여왕이 아니라 그 뒤를 따라 걸어 들어오는 피터와 소피아에게 집중되었다.

예전과 마찬가지로 수려한 피터의 외모는 보는 사람들로 하여금 절로 미소를 짓게 만들었다. 하지만 지금 이 순간 사람들이 감탄하는 대상은 피터가 아니라 소피아였다.

평소의 검소한 옷차림과는 다르게 여왕이 특별히 선물한 푸른색 드레스와 푸른색 사파이어 목걸이, 그리고 머리 위에 놓인 앙증맞은 왕관은 지난겨울 폐렴을 앓은 탓에 창백하고 갸름해진 소피아의 청초한 외모를 더욱 빛나게 해 주었다.

외모뿐이 아니었다. 세례식이 진행되는 동안 사람들은 어느새 자신들과 거의 차이가 없는, 아니 오히려 더욱 유창하고 세련된 어휘를 사용하는 소피아의 러시아 어 실력에 혀를 내둘렀다.

그리고 마침내 그녀가 예카테리나라는 세례명을 받으며 낭랑하고 유려한 음성으로 자신이 진정한 러시아 사람이 되었음을 알리는 선언문을 낭독할 즈음에는 감동하기까지 했다.

"쟤가 언제부터 저렇게 러시아 말을 잘했냐?"

"그보다 쟤 엄청 예쁘잖아?"

학생들은 달라진 그녀의 모습에 몇 번이나 눈을 비볐다. 옐리자베타 여왕 또한 예카테리나의 노력을 알아보고는 대견하다는 듯 고개를 끄덕였다.

아직 결혼도 하지 않은 예비 황태자비인 예카테리나가 매끄러운 러시아 어 능력을 선보인데 반해 황태자인 피터의 러시아 어 실력은 형편없었다. 열 살짜리 아이들도 눈을 감고 줄줄 외울 수 있는 간단한 기도문조차 더듬더듬 읽어 내려갔고, 미리 몇 차례나 알려 준 세례식의 절차도 툭하면 빠뜨리기 일쑤였다.

마침내 피터가 표트르라는 세례명을 받음으로 세례식이 끝나자 여왕은 작게 한숨을 내쉬는 것으로 화를 삭였다. 그리고는 골치가 아픈 듯 이마를 짚으며 중얼거렸다.

"표트르가 예카테리나를 반만이라도 닮았으면……."

개학은 세례식 직후였다. 썰렁했던 학교는 순식간에 북적이는 학생들로 가득 찼다. 그리고 궁전에 머물던 피터와, 그를 그림자처럼 쫓아다니던 리사도 돌아왔다.

예카테리나와 지아, 한별은 예전처럼 몸을 사렸다. 하지만 긴장했던 것과는 다르게 학생들은 힐끔힐끔 세 사람을 쳐다보고 스쳐 지나갈 뿐 별다른 장난을 치지는 않았다. 오히려 몇몇은 호감 어린 눈길을 보내기도 했다.

교수들도 달라졌다. 예전에는 눈길도 보내지 않고 무시하기만 했던 그들은 수업 시간에 종종 예카테리나에게 발표할 기회를 주기도 했다.

"컥…… 나보다 우리나라 역사에 대해 잘 알잖아. 쟤, 진짜 프로이센 사람 맞아?"

"표트르보다는 오히려 예카테리나가 러시아 사람 같은데?"

학생들은 점점 그녀에게 순수한 마음으로 감탄했다. 그들의 마음의 추가 표트르에서 예카테리나에게로 살짝 기울어지기 시작하는

순간이었다.

표트르와 예카테리나는 학교 밖에서도 비교의 대상이 되었다. 황태자와 예비 황태자비라는 신분상 여러 공식행사에 모습을 드러내야 하는 두 사람의 너무나도 상반된 모습에 귀족들은 낮은 목소리로 수군거렸다. 당연히 표트르보다는 예카테리나를 보는 시선에 더욱 호감이 실렸다. 더구나 표트르는 공식적인 장소에조차 리사와 동행해 주변 사람들을 아연실색하게 만들었다.

눈앞에 황태자를 두고 예비 황태자비에게 감히 파트너 신청을 할 만큼 간이 부은 사람은 없었기에 예카테리나는 언제나 혼자였다. 하지만 외롭다고 느끼지는 않았다. 오히려 예카테리나는 그런 기회를 통해 많은 귀족들과 안면을 익힐 수 있기 때문에 밝고 즐겁게 어려움을 헤쳐 나갔다.

그런 예카테리나의 씩씩함은 많은 러시아 국민들에게 호응을 얻었고, 그 이야기를 전해 들은 여왕은 미안함과 기특함에 예카테리나에게 생각지도 못했던 선물을 하나 주었다. 바로 의회에 초대를 한 것이다.

여왕이 나라를 다스리기는 하지만 실제로 러시아의 대소사를 결정하고 나라를 움직이는 기관은 귀족들로 이루어진 의회였다. 그리고 황실에서 의회에 참석하고 발언권을 가질 수 있는 사람은 바로 여왕과 황태자 둘뿐이었다.

"원래는 표트르가 와야 하는데 줄곧 청해도 한 번도 오지 않았단다. 그러니 너라도 보고 배워서 그 애를 이끌어 주렴."

여왕은 놀라 얼떨떨한 얼굴의 예카테리나를 억지로 자신의 옆자리에 끌어 앉혔다.

예카테리나의 등장에 귀족들이 술렁거렸다. 대부분은 아직 표트르와 정식으로 결혼도 하지 않은 예카테리나를 마뜩잖은 시선으로 바라보았다.

하지만 회의가 시작되자마자 귀족들은 자신들의 생각이 틀렸음을 인정했다. 회의가 진행되는 내내 예카테리나는 마치 수업을 받는 학생처럼 진지한 얼굴로 귀족들의 대화를 경청했다. 그리고 가끔씩 손을 번쩍 들어 대답하기 껄끄러운 질문들을 마구 퍼부어 댔다. 귀족들은 불편함과 대견함이 뒤섞인 복잡한 눈으로 예카테리나를 바라보았다.

"허어, 황태자비가 황태자 본인이 아니라는 게 안타깝군."

회의가 끝나갈 무렵 누군가의 입에서 작은 중얼거림이 흘러나왔다. 순수하면서도 정열적인 예카테리나를 보는 여왕의 머릿속에 순간 섬광처럼 스친 생각도 바로 그것이었다.

봄에서 여름으로, 그리고 가을로 계절은 순식간에 변했다. 정신없이 지내는 동안 어느새 학교 안뜰에 있는 아름드리 정원수들의 풍성했던 나뭇잎이 갈색으로 물들었고, 그마저 하나둘 떨어져 앙상한 나뭇가지를 드러냈다.

예카테리나와 지아, 한별은 작년과는 달리 꽤나 편안한 일 년을 보냈다. 피터와 리사는 여전히 예카테리나를 잡아먹지 못해서 안달을 했지만 세례식을 지켜본 학생들은 예전과 달리 슬금슬금 뒤로 물러섰다. 그런 날들이 몇 달 이어지자 피터도 시들해졌는지 리사와 파티를 찾아 학교 밖으로 나돌았다.

예카테리나는 그런 피터를 안쓰러워했지만 지아와 한별은 만세를 불렀다.

"고마울 따름이지!"

그러는 사이 어느새 겨울이 훌쩍 다가와 있었다. 방학이 다가올수록 눈발은 굵어져 세상은 어느새 새하얗게 변했다. 다른 아이들은 눈이 오자마자 모조리 사냥을 하러 뛰어나갔다. '보르자야'라고 불리는 사냥개와 함께 말을 달리는 여우 사냥은 러시아의 전통 스포츠로 귀족이라면 누구나 즐기는 놀이였다. 덕분에 넓은 학교 안은 텅 빈 듯 조용했다.

"벌써 겨울이네."

휴게실 창밖을 통해 눈으로 뒤덮인 상트페테르부르크 궁전을 바라보며 예카테리나는 혼잣말처럼 중얼거렸다. 그녀의 손에는 두툼한 의회의 보고서가 들려 있었다. 여왕을 따라 몇 번이나 참석한 예카테리나에게 의회의 의원들이 이제는 알아서 회의가 있기 전에 보고서를 보내고 있었다.

"뭔데 그렇게 열심히 적어?"

예카테리나가 보고서 페이지마다 붉은 잉크로 무언가를 열심히 적고 있자 궁금해진 지아가 물었다.

"내일 질문할 것들을 대충 적어 보는 중이야. 군대의 낡은 시스템에 관한 것들인데 생각보다 고칠 게 많네."

지아는 고개를 끄덕였고, 한별은 보기만 해도 머리가 아픈 듯 고개를 설레설레 저었다.

"의회의 할아버지들이 보면 기절하겠다."

그때 휴게실의 문이 벌컥 열리며 사냥을 하던 학생들이 잔뜩 굳은 얼굴로 쏟아져 들어왔다.

"무슨 일이야?"

이제는 제법 친해진 그들에게 예카테리나가 물었다.

"큰일 났어. 전쟁이야."

"유럽의 모든 나라가 프로이센을 치기로 결정했대!"

모두들 전쟁이라는 두 글자에 파랗게 질려 있었다. 하지만 예카테리나와 지아, 한별은 조금 다른 이유로 얼어붙었다. 프로이센에, 더 정확히는 프리드리히의 손아귀에 아직 예카테리나의 부모님이 잡혀 있었다.

"어서 궁전으로 가자! 어떻게 된 사연인지 알아봐야겠어."

궁전으로 가는 동안 예카테리나는 전령의 말이 사실이 아니기를, 뭔가 오해가 있었던 것이길 간절히 바라고 또 바랐다. 하지만 다시 돌아온 상트페테르부르크의 공기는 다가온 전쟁으로 팽팽하게 당겨져 있었다.

발단은 오스트리아로부터 슐레지엔을 빼앗은 프리드리히가 아무런 선전포고도 없이 작센공국을 쳐들어간 것이었다. 전쟁에서 선전포고는 적국, 그리고 주변 이해관계국들에게 반드시 갖춰야 할 예의였다. 프리드리히는 이 중요한 과정을 생략해 버린 것이다.

이것은 침략을 받은 당사자인 작센공국뿐만 아니라 오랜 세월 동안 프로이센과 대립각을 세워 오던 오스트리아와 프랑스, 그때까지

중립을 지키던 군사대국 스웨덴, 그리고 주변 공국의 제후들의 공분을 샀다.

러시아의 옐리자베타 여왕 또한 그에 동조하였다. 예카테리나가 상트페테르부르크에 도착한 것은 러시아의 대군이 프로이센의 수도 베를린으로 진군을 시작한 뒤였다.

궁전 의회 안은 벌집을 건드린 것처럼 요란했다. 소동의 원인은 표트르의 고함이었다.

"제정신입니까? 베를린은 예술과 철학의 본고장이란 말입니다. 당장 군대를 물려요."

예카테리나는 표트르가 잠시 다른 귀족과 말싸움을 하는 사이 옐리자베타 여왕에게 낮은 목소리로 물었다.

"여왕폐하, 정말 베를린을 공격하는 건가요?"

옐리자베타 여왕은 잠시 예카테리나의 혼란스러운 눈을 들여다보다가 무겁게 고개를 끄덕였다.

"네가 프로이센 사람이라는 건 잘 알고 있다. 하지만 프리드리히의 야만적이고 비신사적인 행위는 응징받아 마땅하다. 그가 아무리 철혈의 제왕이라 해도 이번에는 목숨을 장담할 수 없을 것이다."

여왕의 침중하고 단호한 목소리에 예카테리나는 눈앞이 핑 도는 것 같은 현기증을 느꼈다.

'아……. 아버지! 어머니!'

프리드리히와의 비밀스러운 거래를 알지 못하는 옐리자베타 여왕은 단지 그녀의 슬픔이 조국 프로이센에 대한 안타까움이라고 해석했다.

"안타깝지만 마음을 비우렴. 넌 이제 러시아 사람이란다."

옐리자베타 여왕의 위로에도 예카테리나의 절망감은 더욱 깊어지기만 했다.

타오르는 반란의 불씨

　예카테리나가 한참 만에 의회 밖으로 나오자 문밖에서 초조하게 기다리고 있던 지아와 한별이 다급히 물었다.
　"여왕이 뭐라셔?"
　예카테리나는 고개를 저었다.
　"그럼 너희 부모님은?"
　"프로이센으로 가야 할 것 같아. 가서 내가 직접 부모님을 구해야겠어."

　발길이 바쁜 셋의 앞을 커다란 마차가 막아섰다. 마차에서 내린 것은 뜻밖에도 그렉이었다. 그는 어리둥절한 얼굴의 셋에게 씩 웃으며 말했다.
　"어서 타. 프로이센행 특급마차야."

"하지만 어떻게……?"

"어떻게 프로이센으로 갈 줄 알았냐고? 너희들 얼굴에 다 쓰여 있잖아."

그는 놀란 듯 눈을 깜박이는 예카테리나, 지아, 한별을 차례로 돌아보며 혀를 찼다.

"쯧쯧. 베를린이 엎어지면 코 닿는 옆 동네냐? 이 엄동설한에 갈아입을 옷도 하나 없이 몸만 달랑 뛰어가면 어쩌자는 거야? 프로이센에 도착할 때까지 두고두고 나한테 감사해라."

그렉의 잘난 척에 세 사람은 아니꼽다는 얼굴로 마차에 올랐다.

마차는 쉬지 않고 달렸다. 그렉은 용의주도하게도 도시마다, 역참마다 갈아탈 마차와 여벌의 옷을 준비해 놓았다. 그 덕분에 일행은 마차 안에서 먹고 자며 시간을 아낄 수 있었다.

그렉의 도움으로 일행은 러시아에 갈 때보다 절반밖에 되지 않는 시간 안에 베를린에 도착할 수 있었다.

"프리드리히 왕은 어디에 있지요?"

예카테리나는 베를린의 한쪽 성벽을 완전히 포위하고 있는 러시아의 장교에게 물었다.

장교가 히죽 웃으며 대답했다.

"우물에 빠진 개구리처럼 궁 안에 옴짝달싹 갇혀 있습죠. 아마 죽을 자리를 고르고 있을 걸요?"

그의 말대로 아름답던 궁성은 불이 모두 꺼져 마치 거대한 무덤처럼 보였다. 하지만 반쯤 무너진 벽을 경계 삼아 대포와 총으로 무장한 채 버티고 선 병사들의 얼굴에는 프로이센의 심장인 왕성을 무슨 일이 있어도 사수하겠다는 결연한 의지가 엿보였다. 그들의 극렬한 저항 때문에 왕성을 포위한 유럽 각국의 군대도 더 이상 진격하지 못하고 있었다.

"하지만 저것도 잠깐입니다. 조금만 더 버티면 저들 스스로 백기를 내걸고 기어 나올 겁니다. 굶어 죽고 싶지는 않을 테니까요."

장교는 상황을 설명하며 다시 웃었다. 승리를 확신한 여유였다.

예카테리나는 그의 말이 사실이라는 것을 알았다. 그래서 더욱 초조해졌다. 그 전에 어떻게 해서든 프리드리히와 만나야만 했다.

"선배, 부탁이 있어요. 병사들의 시선을 잠시만 돌려 주세요."

그녀는 그렉을 한쪽으로 끌고 가 조그만 목소리로 말했다. 그렉은 잠시 예카테리나의 얼굴을 빤히 바라보다가 흔쾌히 고개를 끄덕였다.

"좋아. 그런 얼굴로 부탁하는데 뭔가 사연이 있겠지."

그날 밤, 그렉은 가지고 있던 금화를 몽땅 풀어 병사들에게 술과 고기를 대접했다. 이 먼 프로이센까지 와서 러시아의 위명을 높인 그들의 충성심과 용맹함을 위해서라는 명목이었다. 베를린 시내의 술이란 술, 고기란 고기는 모두 사들일 정도로 엄청난 규모였다.

초저녁부터 시작된 파티는 밤이 늦도록 계속되었고, 나중에는 러시아 병사들뿐만 아니라 인근에 포진하고 있던 다른 나라의 병사들까지 끼어들었다.

"그레고리 오를로프 백작 만세!"

"멋진 귀족 나리 만세!"

전후 사정을 모르는 병사들은 공짜 술잔을 높이 들어 그렉의 이름을 연호하며 환호성을 올렸다.

그렉이 금화를 푸는 동안 예카테리나와 지아, 한별이 발소리를 죽여 도착한 곳은 왕성과 연결된 하수구 앞이었다. 예카테리나가 처음 왕궁으로 숨어들었던 바로 그곳이었다.

"으윽!"

지아는 하수도 안으로 들어가자마자 코끝을 찌르는 냄새에 자기도 모르게 신음했다. 한별도 지독한 악취에 머리가 어지러웠다. 하지만 둘은 묵묵히 앞서 걷는 예카테리나의 뒷모습을 보며 입을 꾹 닫았다. 어둡고 더러운 하수구 안에는 이내 세 사람의 철벅거리는 발소리만이 울렸다.

오랜 시간 하수도를 거슬러 도착한 곳은 왕가의 지하 무덤이었다. 낑낑거리며 간신히 하수도를 빠져나오자 석실 특유의 차갑고 음습한 공기가 그들을 기다리고 있었다.

"큭큭……. 또 너로구나. 두 번째로군."

죽은 자들의 무덤 가운데 쪼그려 앉은 누군가의 낮고 침울한 웃음소리가 그들을 맞아 주었다.

예카테리나는 생각지도 못했던 음성에 깜짝 놀라 목소리가 난 쪽으로 돌아섰다. 그러자 커다란 석관들 사이에서 그가 몸을 일으켰다.

"큭큭. 생각보다 기억력이 별로군. 설마 그새 날 잊은 건가?"

예카테리나와 지아, 한별은 그의 얼굴을 잠시 살펴보다가 동시에 소리쳤다.

"프리드리히?!"

"잊지 않고 알아봐 주니 고맙구나, 소피아. 아니, 이제는 예카테

리나 황태자비 전하라고 불러 드려야 하나?"

프리드리히는 뭐가 그리 재밌는지 연신 키득거렸다. 석실의 벽에 걸린 희미한 등불 아래 드러난 그의 얼굴은 알아볼 수 없을 정도로 변해 있었다. 잘 정돈되어 뒤로 빗어 넘겼던 머리는 마구 헝클어져 있었고, 얼굴은 온통 거친 수염으로 뒤덮여 있었다. 언제나 날카롭게 상대방을 응시하던 두 눈은 자포자기한 듯한 비웃음이 담겨 있었다. 이미 엉망으로 취한 지금도 독한 술을 입 안으로 들이붓는 중이었다.

한별이 어이없다는 듯 중얼거렸다.

"나 참, 아예 자살이라도 할 분위기입니다?"

"어? 어떻게 알았지? 보라고. 벌써 유언장까지 써 놨다니까."

품에서 잔뜩 구겨진 종이 쪼가리를 꺼내 보란 듯 허공에 펄럭거리는 그를 보는 셋의 얼굴은 울지도, 웃지도 못해 울상이 되었다.

예카테리나가 급히 물었다.

"우리 부모님은 어디에 계시죠?"

"누구? 네 부모님? 그걸 왜 나한테 묻나?"

프리드리히는 아직도 술에 취한 듯 몽롱한 눈빛으로 되물었다.

"당신이 잡아갔잖아! 당신이 모르면 누가 알아?"

예카테리나가 소리쳤다. 고함은 커다란 석실 벽에 부딪혀 더욱 커다랗게 들렸다. 그제야 술기운이 조금 가신 듯 프리드리히의 눈빛이 맑아졌다. 그리고는 허리가 끊어져라 웃었다.

"큭큭큭! 그렇군. 지금이 바로 네가 날 구할 때로구나. 저 애의 예언처럼 말이야."

그는 조금 전과는 전혀 다른, 기분 나쁠 정도로 번뜩이는 눈동자로 지아와 예카테리나를 번갈아 바라보았다. 그리고는 낮고 음산한 목소리로 말했다.

"예카테리나. 약속대로 내 목숨을 구해라. 그러면 네 부모님을 살려 주마."

예카테리나는 궁전을 포위하고 있는 수많은 나라의 군대를 떠올리고는 곤란하다는 듯 입술을 깨물었다.

"그, 그런 건 불가능해요."

프리드리히의 눈이 또다시 번들거렸다.

"그 불가능한 걸 무슨 수를 써서라도 가능하게 만들어."

그의 억지에 예카테리나는 이를 악물었다. 하지만 프리드리히는 더 이상 잃을 것이 없다는 듯 씩 웃었다.

"내가 죽는 순간 너희 부모님도 끝장이라는 걸 명심해."

히죽 웃는 그의 두 눈은 마치 악마의 그것처럼 섬뜩한 빛을 발했다.

다시 하수구를 기어 나온 셋은 옷을 갈아입자마자 프리드리히를 구할 방법을 찾기 위해 머리를 쥐어뜯었다. 시끌벅적한 파티를 끝내고 돌아온 그렉도 함께 머리를 맞댔다. 하지만 아무리 고민을 해도 애초에 없는 답을 찾아낼 수는 없었다.

마침내 동쪽 하늘이 뿌옇게 밝자 예카테리나가 피곤한 얼굴로 말했다.

"여기서 백 년을 고민해 봤자 답이 안 나오겠어. 일단 난 러시아로 돌아가서 여왕폐하를 설득해 볼게. 그나마 다른 왕들보다 프리드리히와 친분이 깊으니까 어쩌면 그의 구명을 위해 힘써 주실지도 몰라."
"좋아. 그럼 우리 셋은 여기 남아서 네 부모님을 찾아볼게. 너희 부모님이 투명인간이 아닌 이상 누군가 본 사람이 있겠지."
그렉의 말에 모두들 고개를 끄덕였다.

예카테리나는 베를린으로 갔던 길을 되짚어 상트페테르부르크로 돌아왔다. 이번에도 역시 그렉의 도움이 컸다. 동행하지는 못했지만 유능한 안내인을 붙여 주었던 것이다. 궁성이 보이기 시작할 즘에는 그에게 감사의 키스라도 해 주고 싶을 정도였다.
하지만 그 생각은 무겁게 가라앉은 궁전의 공기를 접하는 순간 사라져 버렸다. 베를린으로 떠날 때만 하더라도 건강했던 옐리자베타 여왕이 병으로 쓰러진 것이다. 그것도 단순한 감기가 아니라 하루에도 피를 몇 차례나 쏟아 내는 중증 폐렴이었다.
소식을 듣자마자 예카테리나는 여왕의 침실로 달려갔다.
커다란 침대 한가운데 누워 있는 옐리자베타 여왕은 더 이상 예전에 알던 그녀가 아니었다. 붉고 윤기가 돌던 그녀의 머리카락은 푸석푸석한 수수 빗자루처럼 보였고, 깡마른 손이며 얼굴은 온통 거뭇거뭇한 반점투성이였다.
"여왕폐하!"
예카테리나는 달라진 여왕의 모습에 눈물을 흘렸다. 표트르에게는 부모님의 원수였지만, 아는 사람 하나 없는 러시아에서 자신을 아껴주던 단 한 사람이었다.
옐리자베타 여왕은 예카테리나에게 손짓을 해 가까이 오게 했다.

그리고 탁한 목소리로 힘겹게 말했다.

"울지 마라. 죽음은 슬퍼할 일이 아니다. 특히 내게는 더욱 그렇지. 그토록 보고 싶던 그를 다시 만날지도 모르니까."

여왕은 말을 잇지 못하고 눈물만 뚝뚝 흘리는 예카테리나의 머리를 뼈가 앙상히 도드라진 손으로 부드럽게 쓰다듬었다.

"차라리 네가 내 딸이었으면, 그래서 너에게 왕관을 물려주면 좋았으련만."

"그런 말씀 마세요."

고개를 흔드는 예카테리나에게 여왕은 희미하게 웃어 보였다.

"나의 시간은 이제 끝났단다. 이제 네가 표트르를 도와 러시아를 이끌어 주렴."

그녀의 힘없는 목소리에 예카테리나는 대답 대신 고개를 끄덕였다. 여왕은 만족한 듯 웃으며 피곤한지 잠에 빠져들었다.

여왕이 잠들자 예카테리나는 한동안 그녀의 얼굴을 말없이 바라보았다. 평온한 얼굴이었다. 예카테리나는 가만히 그녀의 야윈 볼에 키스를 한 뒤 조용히 침실에서 물러났다.

"아무래도 표트르를 만나야겠어."

여왕이 쓰러진 지금 군대를 움직이는 것은 황태자인 표트르였다. 예카테리나는 표트르가 지내는 별궁으로 발걸음을 옮겼다.

수많은 광대들로 별궁 안은 온통 난리법석이었다. 사방에서 요란한 웃음소리가 끊이지 않았고, 술에 취한 사람들이 여기저기에 쓰러져 잠들어 있었다.

"아니, 이게 누구야? 여왕의 사랑을 독차지한 약혼녀잖아? 어쩐 일로 이런 누추한 곳까지 오셨을까?"

술 냄새를 풀풀 풍기며 다가오는 표트르는 베를린 아카데미의 피터와는 전혀 다른 사람 같았다.

그럼에도 예카테리나의 눈은 집요하게 그의 얼굴에서 예전의 친절하고 다정다감하던 시절을 찾고 헤맸다. 하지만 아무리 살펴보아도 그는 방탕한 황태자일 뿐이었다.

실망감과 안타까움을 감추려 예카테리나는 몇 번이나 눈을 깜빡였다.

"여왕폐하는 만나 뵀어요?"

"아니."

표트르는 어깨를 으쓱였다.

"난 나를 끌고 온 이모를 아직도 원망하거든. 그리고 이 추운 땅덩어리도 진저리가 날 만큼 싫어. 먹는 음식도, 옷도 싫어. 심지어 하늘빛도 마음에 안 들어. 눈에 보이는 모든 게 싫다고!"

표트르는 조금 전까지 그와 함께 술을 마시고 놀던 광대들에게 고래고래 고함을 쳤다.

"너희들도 썩 꺼져! 왜 여태 여기에 있는 거야? 당장 나가!"

그날 이후 별궁의 문은 다시 열리지 않았다. 피터는 누구도 문 안에 들이지 않은 채 혼자만의 껍질 안에 깊숙이 틀어박혔다. 예카테리나는 하루에도 몇 번이나 발걸음을 돌려야만 했다.

그러는 사이 여왕의 병세는 더욱 나빠졌다. 하루 한 번도 눈을 뜨지 못하는 날들이 며칠이고 계속되던 어느 날, 결국 여왕은 다시는

깨어나지 못하는 깊은 잠에 빠져들었다.

여왕을 잃은 러시아는 슬픔에 잠겼다. 예카테리나는 마치 진짜 혈육을 잃은 듯 슬피 울었다. 사람들은 생업을 중단한 채 상복을 입고 여왕의 죽음을 애도했고, 군인들 역시 전쟁을 중단했다. 유럽의 여러 나라들도 전쟁을 중단하고 조문단을 보내 애도를 표했다.

하지만 단 한 사람, 표트르만은 여왕의 죽음을 전해 듣자마자 비틀린 웃음을 토해 냈다.

"큭큭! 정말로 내가 러시아의 황제가 되었군."

장엄하고 엄숙해야 할 장례식은 엉망진창이었다. 표트르가 의식이 시작되고 한참이나 지난 뒤에야 울긋불긋한 옷을 입고 나타났던 것이다.

"연극이 생각보다 늦게 끝나서 미처 옷 갈아입을 시간이 없었소."

하지만 하는 말과 달리 히죽 웃는 그의 얼굴에는 별로 미안한 기색이 없었다. 귀족들과 주교들, 그리고 여왕의 죽음을 추모하기 위해 모여든 백성들의 얼굴은 불쾌함으로 일그러졌다. 그리고 그 불쾌함은 시간이 지날수록 점점 더 심해졌다. 지루함을 이기지 못한 표트르가 꾸벅꾸벅 졸기 시작했던 것이다.

그와는 대조적으로 검은 상복을 단정히 차려입고 눈물을 흘리는 예카테리나는 사람들의 눈길을 사로잡기에 충분했다. 추도문을 낭송하는 그녀의 슬픔이 깃든 낭랑한 목소리에 간간히 눈물을 짓는 사람들도 보였다.

귀족들은 표트르와 예카테리나를 힐끔 쳐다보며 은밀히 눈을 빛냈다.

옐리자베타 여왕의 죽음으로 전 유럽이 슬픔과 애도에 휩싸이는 바람에 베를린 궁전의 함락은 예정보다 많이 늦추어졌다. 예카테리나의 입장에서는 무척 다행스러운 일이 아닐 수 없었다.

장례식이 끝나자마자 예카테리나는 표트르에게 달려갔다. 하지만 표트르는 이미 베를린을 점령하고 있는 유럽 각국의 왕들에게 전령을 보낸 뒤였다.

"다행이다."

예카테리나는 가슴을 쓸어내렸다. 하지만 편지의 전문을 본 순간 경악하고 말았다. 베를린의 포위를 푸는 것은 물론이고 그동안 러시아 군대가 어렵사리 점령한 프로이센과 그 인근의 영토까지 아무 대가도 없이 다시 돌려준다고 쓰여 있었기 때문이었다.

또한 문서의 끝에는 러시아는 프로이센의 무조건적인 우방이며, 이에 이의가 있는 국가와는 전쟁도 불사하겠다는 내용도 적혀 있었다. 해석하기에 따라서는 거의 선전포고라고 봐도 될 정도였다.

"도대체 왜 이렇게까지……."

표트르는 당연한 듯 어깨를 으쓱했다.

"난 프로이센 사람이니까. 프리드리히는 나의 영원한 왕이자 스승이야."

"당신은 러시아의 황제예요. 더 이상 프로이센 사람이 아니라고요."

"아니, 난 태어났을 때부터 지금까지 단 한순간도 내가 프로이센 사람이라는 사실을 잊어본 적이 없어. 그래서 지금부터 러시아를 제2의 프로이센으로 만들 작정이야."

"말도 안 돼……."

예카테리나는 창백하게 질린 얼굴로 중얼거렸다. 그녀뿐 아니라 대전 안에 모여 있던 수많은 귀족들 역시 질겁한 얼굴로 그들의 새 황제를 바라보았다.

예카테리나와 러시아의 모든 귀족들이 표트르의 황당한 말 때문에 충격에 빠진 그날 밤, 베를린에 남았던 그렉과 한별, 지아가 돌아왔다.
"부모님은?"
다급히 응접실까지 달려온 예카테리나에게 한별이 빙긋 웃었다.
"무사하셔. 영악한 프리드리히가 베를린에서 한참이나 떨어진 허름한 농가에 숨겨 놓았더라. 다행히 시종 중 한 명이 기억하고 있었어."
"친구의 별장 중 한 곳에 모셔 놨어. 인적이 뜸한 곳이라 눈에 띄지 않을 거야."
한별의 말을 그렉이 받았다. 긴장이 한꺼번에 풀린 예카테리나는 그대로 소파 위에 주저앉고 말았다.
"다행이다."
"그나저나 무슨 일 있었어? 다 뺏은 땅을 그냥 내준 것도 그렇고, 다른 나라 군대에서 아주 우리를 못 잡아먹어 안달이라고 하더라."
지아가 물었다. 베를린을 포위했던 군대와 함께 돌아오는 바람에 표트르에 대한 원성을 그대로 듣고 온 것이다.
예카테리나는 망설이며 표트르의 대전에서 있었던 이야기를 전해 주었다.
"뭐, 뭐야?!"
처음에는 설마, 하는 얼굴로 예카테리나의 이야기를 듣던 그렉은 그녀의 말이 거짓이 아니라는 것을 안 순간 형편없이 일그러졌다. 그는 자리를 박차고 달려 나갔다.

"말도 안 돼. 내가 직접 확인해야겠어."

쾅!

"제정신입니까? 러시아는 유럽과 아시아의 반을 지배하는 대제국입니다. 그런데 제2의 프로이센이라니! 게다가 궁전을 다시 짓다니요? 이 얼음 궁전은 돌아가신 옐리자베타 여왕이 새로 지은 궁전입니다."

그렉의 목소리가 커다란 대전 안에 쩌렁쩌렁 울렸다. 하지만 왕좌에 나른하게 앉은 표트르는 어느 집 개가 짖느냐는 듯 시큰둥한 얼굴로 손가락을 하나씩 꼽았다.

"첫째, 너 목소리가 너무 크다. 말조심해. 난 더 이상 네 친구가 아니야. 네가 충성을 바치고 경배해야 할 황제라고. 둘째, 러시아는 땅덩어리만 비대한 후진국 맞아. 그러니 선진국인 프로이센을 따라하는 게 당연하잖아? 셋째로 이 궁전은 너무 러시아적이야. 지금 당장 주춧돌 하나 남기지 않고 몽땅 헐어 버리고 싶은 걸 겨우겨우 참는 중이니까 자꾸 내 인내심을 시험하지 마."

표트르의 냉소적인 말에 꾹꾹 눌러두었던 그의 분노가 한꺼번에 터져 나왔다.

"보자 보자 하니까 이 미친 녀석이……. 그걸 지금 말이라고 하냐?"

그렉의 고함에 표트르는 와락 인상을 썼고, 주변 사람들은 눈을 휘둥그렇게 떴다.

"그래, 넌 황제고 난 일개 근위대 장교일 뿐이다. 그래도 오랫동안 널 지켜본 친구로서 목숨 걸고 이 한마디는 해야겠다. 넌 미쳤어. 제대로 돌았다고. 너 같은 녀석을 몇 년이나 황제감이라고 지켜온 내가 혐오스러울 지경이야."

"내가 분명히 말조심하라고 경고했었지?"

표트르는 쯧쯧, 혀를 찼다. 그리고는 손가락을 까딱거렸다. 그러자 대전 입구에 서 있던 근위병들이 우르르 몰려와 그렉의 양쪽 팔을 움켜잡았다.

"이 반역자를 감옥으로 끌고 가. 내일 해가 뜨는 것과 동시에 처형하겠다."

"내가 반역자면 러시아를 통째로 프리드리히에게 바치려는 넌 뭐야? 진짜 반역자는 너야! 애초에 널 러시아로 데려오는 게 아니었어."

그렉은 근위병들에게 붙잡혀 끌려 나가면서도 고래고래 소리를 질렀다.

"나도 그렇게 생각해. 이 저주받은 땅으로 날 끌고 온 건 너희들이야. 그러니 내가 형편없는 황제가 되어 러시아를 산산조각 내도, 영원히 일어설 수 없는 황무지를 만들어도 그건 다 너희들이 자초한 일이라고."

그렉이 끌려 나가자 표트르의 메마른 목소리가 대전 안을 유령처럼 떠돌았다. 귀족들은 그의 무심한 목소리에 깊은 한숨을 내쉬었다. 새 황제에 대한 그들의 실망감은 절망으로 바뀌고 있었다.

예카테리나와 한별, 그리고 지아가 머무는 별궁에도 그렉의 소식이 알려졌다. 심란한 마음에 늦게까지 잠들지 못했던 세 사람은 소식을 듣자마자 당장 대전으로 달려가기 위해 별궁 문을 열었다. 하지만 문을 열자마자 세 사람은 동시에 얼어붙은 듯 멈춰 서야만 했다. 감옥으로 끌려갔다던 그렉이 별궁 앞에 서 있었기 때문이었다.

그렉은 혼자가 아니었다. 그를 중심으로 주변에는 많은 사람들이 서 있었다. 한눈에 보기에도 백여 명은 훌쩍 넘을 것 같은 그들은 저마다 총과 칼로 무장한 채였다. 달빛을 받은 그들의 무기가 섬뜩한 예기를 뿌렸다.

예카테리나는 이 뜻밖의 상황에 경직된 목소리로 물었다.

"어떻게 된 거죠?"

"대전에서 날 잡아가던 근위병이 바로 우리 형이었어. 우리 가문의 남자들은 죄다 근위대 소속이거든. 참고로 저쪽에 계신 우리 아버지가 바로 근위대장이시지."

그렉은 사람들 사이에 서 있는, 콧수염을 멋지게 기른 중년의 사내를 가리키며 씽긋 웃었다. 하지만 이내 진지한 얼굴로 한 발짝 앞으로 걸어 나왔다. 그리고는 불쑥 그녀의 발 앞에 한쪽 무릎을 꿇었다.

"예카테리나, 우리의 여왕이 되어 줘."

"뭐, 뭐라고요?"

놀란 예카테리나는 그렉을 말릴 생각도 하지 못한 채 소리 높여 되물었다. 그리고 다음 순간, 그 놀람은 몇 배, 몇십 배로 커졌다. 그렉의 뒤에 서 있던 사람들이 일제히 그렉을 따라 무릎을 꿇었던 것이다.

"표트르는 우리의 황제가 될 자격이 없습니다."

"맞아요. 우린 당신을 선택했습니다."

"이대로 유서 깊은 제국 러시아의 몰락을 바라볼 수만은 없어요. 더구나 우리보다 약한 프로이센의 속국이라니!"

사람들의 외침에 예카테리나는 당황해서 말했다.

"마, 말도 안 돼! 절대 그럴 수 없어. 게다가 난 원래 러시아 사람도 아니에요. 자격이 없다고요."

하지만 사람들은 여전히 절박한 눈빛으로 꼼짝하지 않았다. 예카테리나는 어찌해야 좋을지 모르겠다는 난감한 표정으로 지아와 한별을 돌아보았다.

지아는 그녀의 구원 요청을 깨끗이 거절했다.

"넌 벌써 오래전부터 러시아 사람이야. 모두들 인정하는 걸 너만 모르는 거라고."

지아의 말에 모두가 고개를 끄덕였다.

"당신은 더 이상 프로이센의 소피아가 아니라 러시아의 예카테리나입니다. 우린 이미 당신을 러시아 사람으로 받아들였소."

"게다가 누구보다 러시아를 생각하고 사랑하지. 심지어 대대로 이 땅을 지켜 왔던 우리들보다 더."

"하지만 그건……."

모두가 입을 모아 말하자 예카테리나는 입술을 깨물었다. 그녀가 사랑하는 건 피터, 지금의 표트르였고 러시아에 대한 애정은 그로 인해 따라온 부차적인 것이었다. 그런데 저들은 지금 그녀에게 표트르를 배신하라고 말하고 있었다.

그렉도, 지아도, 한별도 그녀의 갈등을 짐작한 듯 씁쓸한 미소를 지었다.

"쉽지 않다는 건 알아. 나도 많이 고민하고 갈등했어. 비록 임무를 가지고 접근한 것이긴 하지만 그와의 우정은 나의 진심이었거든. 하지만 그는 변했고, 우리는 러시아를 위해 널 택했어. 제발 우리의 여왕이 되어 줘."

예카테리나를 올려다보는 그렉의 눈빛은 전에 한 번도 본 적이 없을 정도로 간절했다.

그렉뿐이 아니었다. 표트르의 손에서 침몰하는 러시아를 구하려는 사람들의 간절한 눈빛과 조국 러시아에 대한 무한한 애정은 잔잔하던 예카테리나의 마음을 격동시켰다.

고개를 끄덕여 이들의 제안을 수락하면 안타까울 정도로 사랑하고 끝없이 기다려 온 표트르를 정면으로 배신하는 것이었고, 만일 거부하면 러시아라는 거대한 제국이 무너질 것이다. 그 어느 쪽을 선택해도 상처받을 수밖에 없는 힘든 선택으로 끊임없이 변하는 예카테리나의 눈동자를 보며 그렉은 미안함에 두 주먹을 꽉 쥐었다. 힘든 선택을 강요한 다른 사람들도 같은 마음이었다. 하지만 이들에게 다른 대안은 없었다.

얼마쯤 시간이 흐른 뒤, 몇 번씩이나 비틀거리던 예카테리나가 마침내 입술을 깨물었다. 그리고 천천히 숨을 내쉬며 말했다.

"나는 분명 프로이센 출신입니다. 하지만 나의 의지로 러시아를 선택했고, 또한 표트르 황제의 약혼녀로서 무한히 러시아를 사랑하기도 합니다. 여러분 말대로 러시아를 몰락으로부터 구할 수만 있다면 기꺼이 희생할 준비가 되어 있습니다."

단단히 결심한 듯 그녀의 목소리는 또렷하고 낭랑했다. 사람들은 그제야 뛸 듯이 일어나 환호성을 울렸다. 오직 한 사람, 가장 가까이 서 있던 그렉만이 그녀의 얼굴에 남아 있는 씻기지 않은 상처를 볼 수 있었다.
"고마워."
그는 다른 사람이 듣지 못하도록 작은 목소리로 중얼거렸다.
"그리고 미안해."

러시아의 새로운 운명

　결정을 내린 그길로 예카테리나는 표트르를 찾아갔다. 그녀의 뒤를 그렉을 선두로 한 수많은 사람들이 따르고 있었다. 그 가운데는 지아와 한별도 끼어 있었다. 위험하다며 별궁에 남으라는 만류에도 굳이 따라나선 것이다.
　"무슨 소리야? 이 강한별이 친구를 사지로 보내 놓고 구경만 할 그런 인간으로 보이냐?"
　"역사의 현장을 놓칠 수야 없지."
　둘은 어느새 옷까지 갈아입은 뒤였다. 예카테리나는 고개를 저으며 몸조심하라고 말해 주는 것이 고작이었다.
　예카테리나가 무장한 사람들과 함께 들이닥치자 궁전은 발칵 뒤집혔다. 더구나 그녀의 바로 뒤를 따르는 것은 반역죄로 체포되었다고 알려진 그렉이었다.

"서, 서라!"

"멈춰라!"

곳곳마다 병사들이 막아섰지만 이미 모든 것을 버릴 각오를 한 예카테리나 일행을 막을 수는 없었다. 호위병들은 변변한 교전도 해보지 못한 채 속속 길을 비켜야 했다.

황실을 지켜야 할 근위병들은 더 심했다. 그들은 궁전을 가로지르는 예카테리나 일행을 못 본 척 외면하거나, 근위대장인 오를로프 공작과 그렉을 본 뒤에는 아예 슬쩍 무리에 섞이기까지 했다. 그들도 내심 러시아의 전통을 무시하는 표트르에게 반감을 품고 있었던 것이다.

덕분에 예카테리나와 일행은 별다른 충돌 없이 표트르가 있는 대전 앞에 도착할 수 있었다.

길고 높은 아치형의 회랑을 지나 마침내 대전의 높고 커다란 문 앞에 도착한 예카테리나는 깊이 숨을 들이쉬었다. 그리고는 힘껏 문을 밀어 열었다.

표트르는 붉은 융단의 끝에 놓인 왕좌에 앉아 있었다. 그리고 예카테리나가 앉아야 할 그의 옆자리에는 짙은 화장을 한 리사가 도사리듯 앉아 예카테리나를 노려보고 있었다.

붉은 융단 양쪽으로는 백여 명의 병사들이 도열해 있었다. 행여 잘못 쏜 총알에 표트르가 다칠까봐 칼로 무장한 그들은 예카테리나와 표트르가 서 있는 융단을 제외한 나머지 공간을 온통 차지하고 있었다.

그들의 온몸에서 뿜어져 나오는 적의와, 예카테리나의 뒤에 있는 사람들의 적개심이 충돌해 대전 안은 팽팽한 긴장감이 흘렀다.

"와우, 분위기가 장난이 아닌데? 왕비의 자리로는 만족 못해서 드디어 날 처치하기로 했나, 소피아? 아니면 이제와 그렉을 사랑하게 되어서 그에게 왕관을 주고 싶어졌어?"

표트르는 사람들의 앞에 나란히 선 예카테리나와 그렉을 보며 빈정거렸다.

"당신이 피터가 아닌 표트르이듯, 나는 더 이상 소피아가 아니라 예카테리나예요."

리사가 코웃음을 치며 끼어들었다. 그녀는 보란 듯 표트르의 팔에 매달리며 말했다.

"감히 반역자를 데리고 여기까지 오고, 그것도 모자라 황제에게 훈계까지 하다니. 폐하, 아예 이번에 저 촌뜨기도 반역죄로 처형해 버려요."

표트르는 재미있다는 듯 눈을 빛내며 웃었다.

"그야 당연하지. 하지만 일단 칭찬을 먼저 해 주지. 언제나 느끼는 거지만 재주가 좋아. 날 지켜야 할 근위병들까지 끌어들이다니. 러시아 귀족이란 귀족들은 죄다 너에게 넘어간 모양이군."

"내가 그들을 끌어들인 게 아니에요. 당신이 그들을 돌아서게 만들었어요."

예카테리나는 더 이상 그의 빈정거림을 듣기 싫어 소리쳤다. 그리고는 다시 목소리를 낮추어 호소했다.

"이제 그만 정신을 차려요. 나는 러시아를 사랑하지만, 그 이상으로 선배를 사랑해요. 그러니까 선배가 예전의 모습을 찾기만 한다면 지금 당장 당신의 손에 죽어도 좋아요."

예카테리나의 애원은 간절했다. 하지만 표트르의 표정에는 변화가 없었다.

"소용없어. 이미 과거의 나는 죽었거든."

그렇게 말한 표트르의 손이 허공으로 올라갔다. 그러자 대전 안을 가득 메운 병사들이 일제히 칼을 뽑아 들었다.

"예카테리나를 지켜라!"

"표트르를 끌어내라!"

동시에 그렉과 다른 사람들 역시 요란한 함성과 함께 앞으로 달려 나갔다. 목표는 왕좌에 앉은 표트르였다.

어떻게든 그를 지키려는 병사들과, 어떻게 해서든 그를 잡으려는 사람들로 대전은 순식간에 칼과 칼이 부딪히는 굉음과 비명이 가득 찼다.

"반역자를 처단하라!"

"황제폐하를 지켜라!"

"이 바보들아! 황제야말로 러시아의 반역자란 말이야."

그 모든 혼란의 한가운데 서서 예카테리나는 오래도록 참았던 눈물을 흘렸다. 그것은 꺾인 꽃처럼 시들어 버린 표트르에 대한 연민이었고, 끝내 그를 배신해야만 하는 아픔이었다.

일단 터져 버린 눈물은 쉽게 그치지 않았다. 한별이 그녀의 곁을 지키는 동안, 지아는 예카테리나의 어깨를 힘껏 안아 주었다.

그러는 사이 대전 안의 싸움은 슬슬 마무리가 되고 있었다. 치열했던 대립의 순간은 잠시 뿐, 그 다음은 싱거울 정도였다. 애초 확고한 목표로 똘똘 뭉쳐 사기충천한 예카테리나 일행과는 달리 기강

이 해이해진 병사들은 이 싸움에 목숨까지 내놓을 생각이 없었다. 그들은 조금만 부상을 당해도 바로 칼을 던지고 항복을 해 버렸다.

"이겼다!"

마지막 병사까지 칼을 던지자 귀족들 사이에서 함성이 터져 나왔다. 하지만 기쁨도 잠시, 그들이 애초 목표로 했던 표트르가 있어야 할 왕좌가 텅 비어 있었다.

"표트르! 이 빌어먹을 녀석! 황제라면 최소한 도망은 가지 말아야지!"

그렉이 미친 듯 고함을 질렀다.

표트르는 자의로 도망친 게 아니었다. 혼란을 틈타 리사가 억지로 끌고 나온 것이다. 그럼에도 별다른 반항 없이 순순히 끌려 나온 이유는 단 하나, 귀찮아서였다. 모든 일이, 심지어 자신이 죽고 사는 일마저도 관심이 없는 그는 리사가 이끄는 대로 궁전의 어둡고 긴 복도를 정신없이 걸어 마차에 올랐다.

그는 마차가 어디로 가는지 몰랐고, 굳이 알고 싶지도 않았다. 그래서 뿌옇게 동이 틀 무렵 마차 창밖으로 바다를 보았을 때에도 그저 그러려니 고개를 끄덕일 뿐이었다.

이윽고 마차가 멈추자 리사가 말했다.

"여기라면 안심이에요. 우리 이대로 프로이센으로 건너가서 군사를 모아요. 그리고 다시 러시아를 빼앗아요. 프리드리히라면 우리를 모른 척하지 않을 거예요."

리사가 그를 데리고 도망쳐 온 이곳은 그녀의 아버지인 보론초바 백작이 사령관으로 있는 크론슈타트 해군기지였다. 멀리서 리사의 아버지이자 요새의 사령관인 백작이 제복을 입은 수병들을 이끌고 두 사람을 마중하기 위해 다가오고 있었다.

그는 표트르의 앞에 도착하자 한 팔을 가슴에 대고 고개를 숙였다.

"어서 오십시오, 폐하."

하지만 백작이 예를 끝내고 몸을 바로 세우자 분위기가 돌변했다. 백작의 뒤를 따라온 수병들이 느닷없이 표트르와 리사를 굵은 밧줄로 꽁꽁 묶은 것이다.

당황한 리사가 비명을 질렀다.

"아버지! 이게 무슨 짓이에요? 나 리사에요! 아버지 딸!"

백작은 대답 대신 한숨을 내쉬었다.

"용서해라. 하지만 이 아비 역시 러시아의 몰락을 지켜볼 수만은 없었다. 단지 예카테리나가 자비를 베풀어 너를 살려 주기만을 바랄 뿐이다."

"아빠! 당장 이거 풀어요! 풀란 말이에요!"

리사는 발버둥쳤다. 하지만 표트르는 그저 쓴웃음을 지었다.

"리사, 다 끝났어. 이제 그만해."

"인정 못 해! 인정 못 한다고!"

리사는 더 이상 아름다워 보이지 않았다. 백작은 그런 딸을 보며 다시 한 번 깊은 한숨을 내쉬었다.

표트르와 리사는 도망쳤던 길을 그대로 되짚어 궁전으로 되돌아왔다. 그들을 기다리고 있는 것은 성난 군중들이었다. 표트르는 황제가 된 지 단 며칠 만에 모든 러시아인의 분노를 한몸에 산 것이다. 귀족과 평민, 심지어 자비심 많은 종교 관계자들조차 한 목소리로 그의 죽음을 부르짖었다.

하지만 예카테리나만은 고개를 저었다. 대관식 전이지만 이미 모든 사람에게 새로운 러시아의 여왕으로 인정받은 그녀는 두 사람을 모스크바에서 멀리 떨어진 별장에 유배하는 것으로 처벌을 끝냈다.

"그는 러시아 황실의 피가 흐르는 유일한 사람이에요. 그리고 리사는 그런 그가 사랑했던 여인이고요. 존중받아 마땅해요."

깜짝 놀랄 만큼 관대한 처분이었지만 표트르는 그녀의 제안을 무덤덤하게 받아들였다.

하지만 리사는 감사는커녕 표독스럽게 외쳤다.

"이 못된 계집애, 모두 네가 꾸민 짓이지? 처음부터 순진한 얼굴로 모두를 속였어! 네가 피터와 날 망쳤다고!"

그녀의 분노에 예카테리나는 참고 참았던 한마디를 끝내 입 밖으로 꺼냈다.

"너와 표트르를 망친 건 바로 너희들 자신이야."

넓은 대성당의 한쪽 벽을 가득 메울 정도로 커다란 파이프오르간이 연주하는 장중하고도 우아한 음악은 성당 안을 가득 메웠고 예카테리나는 숨을 들이쉬었다. 마침내 대관식이 시작된 것이다.

잠시 숨을 고른 뒤 예카테리나는 융단이 깔린 성당 안으로 천천히 걸어 들어갔다.

새하얀 담비의 털로 장식된 붉디붉은 망토를 두른 예카테리나가 들어서자 성당 안의 모든 사람들은 기대와 희망이 가득한 눈으로

그들의 새 여왕을 맞았다. 그리고 마침내 그녀가 융단의 가장 끝에 도착하자 새하얀 수염을 기른 대주교가 인자한 웃음과 함께 그녀의 머리 위에 왕관을 조심스레 씌워 주었다. 대관식에 참석한 손님들은 왕관의 화려함에 한 번 놀라고, 그 왕관을 쓴 예카테리나의 당당한 아름다움에 또 한 번 감탄했다.

"잘 어울린다."

2층의 귀빈석에 앉아 아래를 내려다보던 지아가 말했다. 한별도 고개를 끄덕이다가 살짝 갸웃거렸다.

"맞아. 그런데 예카테리나 여왕……. 어디서 들어본 것 같아."

지아는 한숨을 쉬었다.

"에휴……. 내가 너를 데리고 무슨 말을 하겠니. 공부 좀 해라, 공부 좀!"

대관식이 끝나자 성대한 무도회가 이어졌다.

"축하한다."

무도회가 시작되자마자 프리드리히는 자신의 추종자 표트르를 대신해 여왕이 된 예카테리나에게 뜻밖에도 축하의 인사를 보냈다. 언제 초췌했었나 싶게 다시 말쑥한 모습이었다.

"또 무슨 꿍꿍이야?"

예카테리나가 묻고 싶은 말을 대신 물어 준 것은 오스트리아의 여왕 마리아 테레지아였다. 앙숙인 둘은 이곳에서도 으르렁거렸다.

"재미있잖아? 게다가 예카테리나는 원래 프로이센 사람이라고."

"으……. 당신, 진짜 교활한 여우 같아."

마리아 테레지아는 능글맞게 웃는 프리드리히를 째려보았다. 둘 사이의 공기가 더욱 험악해지기 전에 예카테리나가 말했다.

"미안하지만 프리드리히 전하, 나는 이제 러시아의 여왕입니다. 러시아를 위한 일이라면 전하와 전쟁이라도 치를 준비가 되어 있지요. 의심이 나신다면 지금 여기서 시험해 보셔도 됩니다."

예카테리나의 진지한 눈빛에 프리드리히는 머쓱한 얼굴이 되었다가 헛기침을 하며 슬쩍 시선을 돌렸다.

마리아 테레지아는 통쾌한 듯 웃음을 터뜨렸다.

"호호호! 웬일로 완전히 헛짚었잖아. 고소해라."

그날 밤, 황제가 사용하는 커다란 방에 홀로 앉은 예카테리나는 좀처럼 잠들지 못했다. 그런 그녀의 정면에는 낯익은 거울이 놓여 있었다. 청동으로 테두리가 장식된 아름다운 거울은 프리드리히의 궁전 지하 무덤에 놓여 있던 바로 그 거울이었다.

"너와 나를 만나게 했던 이 거울이야말로 선물하기 딱 좋을 것 같군. 이것을 보면서 내가 널 한 번 도왔다는 걸 잊지 마."

거울을 선물하며 그는 음흉하게 웃었다.

"잊었나 본데 나도 당신을 한 번 살려 줬어요. 거기에 당신은 내 부모님을 끝내 돌려주지 않았죠. 받을 빚은 오히려 내 쪽에 있어요."

"하하하! 그랬지. 그럼 이건 정말 순수하게 축하의 마음을 담은 선물로 받아 줘."

예카테리나는 넉살 좋게 웃고 떠나 버린 프리드리히를 떠올리며 쓴웃음을 지었다. 동시에 그녀를 향해 웃어 주고, 화를 내던, 그리고 그녀에게 사랑 대신 러시아를 안겨 준 또 한 사람의 얼굴이 떠올랐다.

"피터 선배……."

하필 그때 눈앞이 희미해진 것은 흐릿한 등잔불 때문만은 아니었다. 하지만 예카테리나는 눈물을 흘리는 대신 거칠게 눈가를 비볐다.

"무슨 생각을 그렇게 열심히 해?"

그때 등 뒤에서 지아의 목소리가 들렸다. 돌아보니 언제 들어왔는지 교복으로 갈아입은 지아와 한별이 서 있었다. 옛 추억에 너무 골몰해 두 사람이 들어서는 기척도 알아채지 못했던 것이다.

"어, 어서 와. 그런데 너희들 옷이……?"

지아는 대답하지 않고 한별을 슬쩍 바라보았다. 한별도 쑥스러운 얼굴로 지아를 보며 머리를 긁적였다.

"어떻게 말해야 할지 모르겠네."

예카테리나는 문득 불안한 목소리로 물었다.

"설마 너희들, 돌아가려는 거야?"

지아가 슬쩍 고개를 끄덕였다.

"왜 벌써? 너희들 그동안 나 때문에 고생만 했잖아. 조금 더 머물면서 함께 여행도 하고 재밌는 추억도 만들자."

서운함에 예카테리나의 큰 눈이 순식간에 그렁그렁해졌다.

한별이 말했다.

"널 만난 것 자체가 우리에게는 최고의 여행이고 추억이야."

"맞아. 널 알게 되어서 기뻐. 덕분에 무척 소중한 걸 깨달았는걸."

지아도 부드럽게 웃으며 말했다.

잠시 방 안에 침묵이 내려앉은 사이 구름에 가려졌던 달이 얼굴을 내밀었다. 근래 들어 가장 밝은 커다란 보름달이었다. 뿌옇고 은은한 달빛이 둥근 아치형의 유리창을 통해 방 안으로 쏟아져 들어왔다.

달빛은 방 안의 이곳저곳에 내려앉다가 마지막으로 청동 테두리의 거울 위에 머물렀다. 그러자 거울은 스스로 빛을 내듯 영롱한 빛을 발했다. 눈부시고 매혹적인 그 빛은 마치 지아와 한별에게 어서 오라고 손짓을 하는 것처럼 보였다.

"정말 가는구나."

예카테리나가 마침내 체념한 듯 작게 웃었다. 지아가 그에 답하듯 미소를 지었다.

"응. 드디어 네가 여왕이 되는 걸 봤으니 이제 안심이야."

예카테리나는 잠시 멈칫했다.

"지아, 넌 내가 러시아의 여왕이 되리라는 걸 알고 있었어? 너 정말 예언자였니?"

"큭큭! 당연하지. 너 지금껏 그걸 몰랐단 말이야?"

지아는 장난스러운 표정으로 어깨를 으쓱거렸다.

그때, 옆에서 곰곰이 생각에 잠겼던 한별이 이마를 치며 외쳤다.

"러시아의 예카테리나 여왕! 그게 너였구나! 어쩐지 어디선가 들어 본 이름이다 했어."

"으이구, 웬수. 이제야 기억해 내다니."

한별의 요란한 고함에 지아는 한숨을 내쉬었고, 잠시 당황하던 예카테리나는 피식 웃음을 터뜨렸다. 두 사람이 의기소침한 자신을 응원하기 위해 하는 말이라고 오해한 것이다.

"고마워. 그렇게 요란 떨지 않아도 나, 힘낼게."

"그게 아닌데……. 자기 좋을 대로 해석한다니까. 하지만 그것도 나쁘진 않지."

지아는 정말 못 말리겠다는 듯 고개를 흔들었다. 그리고는 옆에서 만나서 정말 반갑다느니, 가문의 영광이라느니 요란을 떠는 한별의 손을 꽉 잡았다.

"어?"

지아가 먼저 손을 잡은 일이 처음이라 한별은 놀란 눈으로 돌아보았다. 지아는 싱긋 웃어준 뒤 그를 거울 쪽으로 확 떠밀었다.

"그만 갈 시간이야."

"자, 잠깐만! 사인이라도 한 장 받아 놓고……. 으아아악!"

불의의 일격을 당한 한별은 길게 비명을 지르며 거울 속으로 빠져들었다.

지아는 한별을 거울 속으로 던져 넣은 뒤 돌아섰다. 그리고는 어리둥절해하는 예카테리나의 뺨에 키스를 했다.

"정말 소중한 것이 무언지 알게 해 준 널 언제까지나 기억할게. 그럼 안녕."

한별과 지아가 완전히 사라지고 난 뒤 거울의 빛은 거짓말처럼 사라졌다. 여전히 달빛이 남아 있었지만 갑작스레 사라진 거울의 빛 때문에 방 안은 새까만 먹물을 풀어놓은 듯 진한 어둠에 빠져들었다.

하지만 이제 여왕이 된 그녀는 외로움조차 느낄 새가 없었다. 그렉이 노크도 없이 방문을 벌컥 열고 안으로 뛰어든 것이다.

"바, 방금 뭐였죠?"

깜짝 놀라는 그렉을 보며 예카테리나는 잠시 머뭇거리다가 끝내 후후, 웃었다.

"별것 아니에요. 지아와 한별이 지금 막 그들의 집으로 돌아간 것뿐이니까."

그제야 안도한 듯 그렉의 얼굴에서 긴장이 풀렸다. 표트르가 별장으로 유배된 뒤 근위대로 복귀한 그는 가장 가까이서 예카테리나를 지키고 있었다.

잠시 안도하던 그렉의 눈에 살짝 충혈된 예카테리나의 눈시울이 보였다. 그는 씁쓸한 표정으로 물었다.

"또 표트르 생각을 하고 있었나요?"

예카테리나는 침묵으로 대답을 대신했다. 그렉도 굳이 대답을 강요하지는 않았다. 대신 그는 또 다른 질문을 던졌다.
"혹시 여왕이 된 걸 후회하나요?"
예카테리나는 이번에는 단호히 고개를 저었다.
"절대 후회하지 않아요. 비록 사랑을 잃었지만 그 대신 러시아라는 벅찰 만큼 커다란 선물을 받았으니까요."
그렉의 눈에는 잠옷 차림의 예카테리나가 오히려 대관식 때보다 더욱 여왕다워 보였다. 그리고 동시에 무척 아름답기도 했다.
그렉은 슬쩍 붉어지는 고개를 돌리며 조그맣게 말했다.
"언젠가 여왕에게도 새로운 사랑이 찾아올 겁니다."

러시아가 사랑한 여제(女帝), 예카테리나 2세

표트르 대제의 뒤를 이어 러시아 제2의 부흥기를 이룩하며 후세로부터 여제라는 칭호까지 얻은 예카테리나 여왕은 놀랍게도 러시아 사람이 아닙니다. 소피아라는 이름으로 프로이센 국경지대의 슈체친이라는 작은 마을에서 태어나고 자란, 머리끝부터 발끝까지 프로이센 사람이었죠.

어떻게 이런 일들이 가능했을까요? 그것도 혈통을 중시하던 중세의 유럽에서요.

표트르의 황태자비라는 이름으로 힘겹게 러시아 황실에 이름을 올린 소피아는 러시아로 간 뒤 모든 것을 바꿉니다. 이름을 소피아에서 예카테리나로 바꾸고, 늘 사용하던 프로이센의 언어 대신 생경한 러시아 말로 읽고 쓰고 말하며, 철학과 사상, 심지어 종교까지 루터교에서 러시아 정교로 바꿉니다. 말 그대로 전혀 다른 사람이 되었죠.

그 이유는 물론 낯선 러시아에서 뿌리내리기 위해서였을 것입니다. 그리고 그와 더불어 한 남자의 아내로서 인정받기 위한 노력이 빚어낸 결과라고 할 수 있겠지요.

하지만 그토록 바라는 표트르의 사랑 대신 그녀가 얻은 것은 러시아라는 거대하고 광활한 제국이었습니다.

과연 그녀는 행복했을까요?
그 답을 말하기 전에 우선 러시아라는 나라에 대해 먼저 알아봐야 하겠습니다.

변화에 변화를 거듭하는 격동의 러시아

세계에서 가장 넓은 영토를 가진 나라는?

정답은 러시아입니다. 1990년, 소련(러시아 소비에트 사회주의 연방공화국, USSR)이 해체하면서 탄생한 러시아는 아시아와 유럽에 걸쳐 17,075,400Km2, 우리나라의 무려 173배라는 엄청난 면적을 가진 국가입니다.

광활한 국토는 동쪽으로는 태평양, 서쪽으로는 노르웨이·핀란드·폴란드·에스토니아·라트비아, 남쪽으로는 그루지아·우크라이나·중국·몽골·북한 등 수많은 나라들과 국경을 맞대고 있습니다. 또한 북극해와 바렌츠 해, 백해, 오호츠크 해, 동해, 발트 해, 그리고 흑해 등 셀 수 없이 많은 바다와 맞닿아 있기도 합니다.

대통령과 총리를 중심으로 한 막강한 중앙정부의 지배를 받는 러시아는 넓은 영토를 효율적으로 운영하기 위해 전국을 7개의 연방관구로 나누고, 그 아래 또다시 86개의 연방기구를 둔 연방국가입니다.

민족 대부분은 슬라브계 유럽인이지만 드넓은 대륙 곳곳에는 수많은 소수민족이 자치구 형태를 띠고 있는 지역도 많아 동양과 서양의 문화를 동시에 간직하고 있기도 합니다.

이렇게 다양한 사람들이 모여 사는 만큼 러시아 안에는 러시아 정교회, 가톨릭, 개신교, 이슬람, 유대교, 불교, 그리고 일부 소수민족의 토속 신앙 등 다양한 종교가 공존하고 있습니다.

이처럼 다양한 문화를 아우르는 러시아 안에는 표트르 대제가 건설했고 북방의 베니스라 불리는 상트페테르부르크, 황족의 주거지인 모스크바의 크렘린 궁과 붉은 광장(Kremlin and Red Square), 광활한 산림지대인 버진 코미, 세계에서 가장 오래되고 깊은 바이칼 호수 등 유네스코에 지정된 문화유산 12건, 아름다운 자연유산 7건 등이 있습니다.

러시아의 기후는 위치, 면적, 지형 등에 따라 다양합니다. 대서양의 영향이 큰 서부는 해양성 기후로 온난하지만 북쪽으로 이동해 시베리아에 이르면 1월 평균 기온은 영하 40℃까지 떨어지고, 최북단인 베르호얀스크는 기온이 영하 67.8℃까지 내려가기도 합니다. 한마디로 러시아는 극지, 아열대, 계절풍(몬순)기후를 모두 가지고 있다고 할 수 있습니다.

이런 다양한 자연환경과 기후의 영향으로 러시아는 거대한 자연의 보고이기도 합니다. 철강을 비롯해 석유와 석탄, 천연가스 등 풍부한 지하자원을 바탕으로 러시아 경제는 소련 해체 후 비약적으로 발전합니다.

경제 발전과 함께 빼놓을 수 없는 변화가 바로 외교입니다.

소련 해체와 함께 공산주의를 버린 러시아는 예전부터 수교를 하던 중국, 북한에 이어 적대 국가였던 미국과 일본 등과도 수교를 맺습니다.

1860년 베이징 조약을 시작으로 한·러 수호 조약, 고종의 아관파천 등 우리나라와 러시아의 관계는 무척 복잡하게 얽혀 있습니다. 그 후 러일전쟁의 발발과 냉전시대의 시작으로 한동안 양국의 관계는 단절됩니다. 하지만 1988년 서울올림픽을 앞두고 러시아 영사단의 입국을 계기로 1989년에는 서울과 모스크바에 각각 영사처를 개설, 1990년 미국 샌프란시스코에서 정식으로 국교를 체결합니다. 그 후 양국은 경제, 문화, 우주기술협력 등을 통해 밀접한 관계를 유지하고 있으며, 최근에는 우리나라의 위성 나로호 발사에 적극 협조하고 있기도 하지요.

현재 러시아에는 15만 명에 달하는 교민과 유학생이 머물며 양국의 외교관계를 더욱 돈독히 하고 있습니다.

표트르 1세의 러시아와 빌헬름 1세의 프로이센

17세기부터 18세기의 유럽은 혼란의 시대였습니다. 베스트팔렌 조약으로 끝을 맺은 30년 전쟁과 시민운동으로 촉발된 사회 혼란, 그리고 영국으로부터 시작된 산업혁명은 기존의 사회 질서를 송두리째 뒤흔들기에 충분했습니다.

그중에서도 가장 눈에 띄는 변화를 보인 나라가 바로 프로이센과 러시아입니다. 지금과는 달리 과거의 러시아는 유럽보다는 아시아권에 더 가까운, 국토만 넓은 농업 후진국이었습니다. 하지만 젊은 황제 표트르 1세의 등극과 함께 유럽의 강국으로 급부상합니다.

황태자이면서도 관습에 구애받지 않았던 표트르는 선진 문물을 배우기 위해 신분을 속이고 유럽 여러 나라를 떠돌며 농장과 조선소에서 허드렛일을 하는가 하면 리투아니아에서 만난 농부의 딸과 사랑에 빠져 그녀를 황후로 맞기도 합니다.

이렇듯 부유하고 강한 유럽의 이모저모를 지켜본 표트르는 황제가 된 후 수도인 모스크바를 버리고 '서방으로 난 창'이라는 뜻의 상트페테르부르크라는 새로운 수도를 건설하며 적극적으로 유럽으로 진출합니다.

러시아가 표트르 대제를 중심으로 유럽의 새로운 강자로 떠오를 무렵, 독일에서도 심상치 않은 움직임이 시작됩니다. 원래부터 통일국가가 아니었던 독일은 30년 전쟁의 결과 각 연방국가의 독립성이 더욱 강조됩니다. 그 중 가장 눈에 띄는 것이 바로 독일의 동북부 브란덴부르크의 프로이센입니다. 30년 전쟁으로 막대한 피해를 입은 프로이센은 빌헬름 1세의 집권 동안 절대왕정을 공고히 하며 빠르게 피해를 복구합니다. 그리고 마침내 그의 아들인 프리드리히 빌헬름 2세 때에 이르러서는 그 누구도 무시하지 못할 정도의 군사대국으로 성장하게 됩니다.

유럽의 판도를 바꾼 7년 전쟁

1740년, 오스트리아의 왕이자 합스부르크 왕이었던 카를 6세가 죽자 그의 딸 마리아 테레지아가 여자로는 처음으로 합스부르크의 왕위에 오릅니다. 그러자 다른 합스부르크의 혈연국은 즉시 여성의 왕위 계승을 금하는 살리카 법(Salic law)을 들어 그녀의 등극을 반대하는 혼란에 빠집니다.

당시 유럽은 오랜 기간의 전쟁준비와 빠른 공업의 발전으로 철광석 등의 지하자원의 수요가 폭발적으로 증가한 때입니다. 프로이센의 발전을 최우선으로 생각하던 프리드리히 2세에게 철광석과 석탄 등이 풍부하게 매장되어 있던 공업 요충지 슐레지엔은 놓칠 수 없는 매력적인 도시였던 것입니다. 그는 오스트리아의 혼란을 틈타 아무 사전 경고 없이 슐레지엔을 무력으로 점령합니다. 이 사건이 바로 7년 전쟁의 원인입니다.

본격적인 전쟁은 1756년에 벌어집니다. 왕위 계승 다툼을 마무리한 오스트리아의 마리아 테레지아는 외교력을 동원해 러시아의 엘리자베타를 비롯하여 프랑스, 작센공국, 스웨덴과 손을 잡고 반(反)프로이센 연대를 결성합니다. 프리드리히 또한 이에 대항하여 영국과 하노버 등과 연합합니다. 그 결과 전쟁은 슐레지엔뿐만 아니라 전 유럽과 나아가 인도나 북아메리카 등의 식민전쟁으로까지 번지게 됩니다.

프리드리히는 강력한 반(反)프로이센 연합에 맞서 작센공국을 점령하고, 프라하에서 대승을 거둡니다. 하지만 아무리 뛰어난 그도 사방에서 조여 오는 적들을 당할 수는 없었습니다. 슐레지엔은커녕 베를린까지 함락당할 위기에 빠지자 그는 절망합니다.

그를 절망으로부터 구한 사람은 러시아의 새 황제 표트르 3세입니다. 마리아 테레지아와 동맹을 맺었던 러시아의 엘리자베타 여왕이 갑작스레 죽은 뒤 왕위에 등극한 표트르 3세는 프로이센과 프리드리히를 존경하고 찬미하던 인물입니다. 그는 왕위에 오르자마자 프로이센과 강화를 맺고, 스웨덴과의 강화를 주도했으며 나중에는 프로이센과 연합해 오스트리아 군대를 공격하기까지 합니다.

결국 1763년 2월 10일, 장장 7년간의 전쟁에 지친 각국의 대표가 파리에 모여 조약을 맺는 것으로 7년 전쟁은 끝이 납니다. 그 결과 영국은 북아메리카와 인도를 얻어 해가 지지 않는 제국을 완성했고, 프리드리히는 오스트리아로부터 슐레지엔의 소유권을 획득함으로서 확고부동한 유럽 강대국으로 인정받게 됩니다.

예카테리나 2세의 일생과 업적

　러시아 로마노프 왕조의 8번째 왕이었던 예카테리나는 러시아인이 아니었으며 더군다나 러시아 황실의 사람도 아니었습니다. 그녀의 원래 이름은 소피아 프리데리케 아우구스테로, 프로이센과 스웨덴의 접경지인 슈체친이라는 작은 공국의 공녀였습니다.
　어린 시절 환경과 신분 등 모든 것을 고려할 때 소피아는 러시아의 왕관과는 상당히 거리가 먼 인물이었습니다. 하지만 러시아 엘리자베타 여왕과의 과거의 인연에 힘입어 황태자비라는 엄청난 신분으로 러시아의 황실에 입성할 수 있었습니다.
　하지만 이것은 표트르 3세나 그녀 자신에게 상처만 주는 실패한 결혼이 되고 맙니다. 표트르는 부인인 예카테리나가 아닌 다른 여인을 사랑하였고, 예카테리나는 남편 대신 러시아를 사랑하게 됩니다.
　그녀가 가진 황제로서의 자질을 깨달은 러시아 귀족들은 근위대와 손을 잡고 표트르 대신 예카테리나의 머리 위에 러시아의 왕관을 씌워 줍니다.

　자유로운 계몽군주를 꿈꾸던 예카테리나는 여왕이 된 직후 법의 테두리 안에서 평등권과 개인의 자유를 보장하며, 고문·사형·농노 제도 등을 폐지해야 한다는 것을 주요 내용으로 하는 교서를 발표합니다. 이는 절대왕정 시대의 유럽에서 매우 획기적인 것으로, 계몽주의 학자들조차 그 파격적인 교서에 혀를 내두를 정도였습니다.
　또한 예카테리나 여왕은 크림 반도를 획득함으로서 표트르 대제의 오랜 숙원이었던 얼지 않는 항구, 즉 부동항을 손에 넣는 데 성공합니다.

　예카테리나는 러시아의 외적인 성장뿐 아니라 내실을 다지는 데도 힘을 아끼지 않습니다. 교통을 정비하고 상업과 공업을 장려해 산업 발전을 기하고, 학교를 세워 많은 해외의 예술가와 학자들을 초빙하기도 합니다. 이 당시에 러시아를 배경으로 하는 많은 오페라 곡이 만들어지기도 하지요.

　이렇듯 다양한 방법으로 러시아를 변화시키려 애썼던 예카테리나는 1796년, 67세의 나이로 죽음을 맞을 때까지 러시아의 전성기를 이끌었던 위대한 여왕으로 기억되고 있습니다.

예카테리나가 선사한 책임의 리더십

변방 작은 공국 출신의 가난한 소녀, 소피아.
러시아의 황태자비가 된 것을 시작으로, 아는 사람 하나 없는 극한의 땅에서 사람들의 마음을 사로잡아, 마침내 남편인 황제를 밀어내고 스스로 왕위에 오르기까지 예카테리나의 인생은 불가능의 연속이었습니다.

이 모든 것을 가능케 한 것은 단 하나, 바로 그녀의 도전과 노력이었지요.

종교를 바꾸고, 언어를 바꾸고 마침내는 자신마저 송두리째 바꾼 예카테리나의 이런 진정성을 보았기 때문에 러시아 국민들은 그녀를 여왕으로 인정했을 것입니다.

예카테리나는 위대한 여왕이 되는 것으로 그들의 기대에 부응하지요.

하지만 여인으로서는 어땠을까요?

아마 행복하지 못했을지도 모릅니다. 사랑하는 남편을 왕좌에서 끌어내리고 차지한 왕관의 무게는 상상한 것보다 더 무거웠을 것입니다.

하지만 그녀는 그 무게를 기꺼이 감내합니다. 그것은 개인의 사랑보다 자신이 선택한 러시아에 대한 책임이고 의무였기 때문이죠.

여러분도 선택의 기로에 선 적이 있었겠지요? 뭘 먹을까, 어떤 옷을 입을까 하는 작은 선택에서부터 때로는 자신이나 타인의 인생을 바꿀 만큼 큰 선택을 해야만 하기도 합니다.

그럴 때는 예카테리나의 이름을 한 번 떠올려 보세요.

아마도 더 신중하고, 더욱 현명한 선택을 할 수 있을 것입니다.